लोपा अगस्त्य

लोपा अगस्त्य

ऋता शुक्ल

Vidya Vikas
ACADEMY
विद्या विकास एकेडेमी

प्रकाशक : **विद्या विकास एकेडेमी**

3637 नेताजी सुभाष मार्ग, दरियागंज, नई दिल्ली–110002

 • संस्करण : 2026 • मूल्य : चार सौ रुपए

मुद्रक : आर–टेक ऑफसेट प्रिंटर्स, दिल्ली ISBN 978-93-90825-24-0

LOPA AGASTYA *novel by* Smt. Rita Shukla ₹ 400.00

Published by **VIDYA VIKAS ACADEMY**

3637 Netaji Subhash Marg, Darya Ganj, New Delhi-110002

॥ ॐ ॥

लोपामुद्रा और ऋषि अगस्त्य की कथा संपूर्ण हुई।

विगत सात वर्षों से एक ही उपक्रम श्वास के साथ संलग्न था।

ऋषिकाओं की कथा लिखनी है। लोपामुद्रा का बार-बार स्मरण हो रहा था। राजकन्या लोपा!

ऐश्वर्य से भरा जीवन त्यागकर वल्कल धारिणी बनने वाली ब्रह्मवादिनी लोपा को उनके संकल्प से कोई नहीं डिगा पाया। वे स्वयंवरा बनीं। महर्षि अगस्त्य के अतुलनीय विद्या-बुद्धि, बल से रीझकर उन्होंने निर्णय लिया—

इस महापराक्रमी संन्यासी के समक्ष विश्व का समस्त राजवैभव ठीकरे के समान है। दंडकारण्य की आश्रमीय संस्कृति उन्हें बुला रही थी। शस्त्र और शास्त्र विद्या का प्रशिक्षण प्राप्त करनेवाले सहस्राधिक अंतेवासियों की गुरुमाता बनने का सौभाग्य उन्हें प्राप्त होना था।

लोपामुद्रा की कथा का पुरश्चरण करने के पूर्व मेरे मन में आर्यावर्त की सनातन संस्कृति के लिए एक विशेष आकर्षण था, वैदिक वाङ्मय के विराट् स्वरूप को यत्किंचित् मात्र भी जानने और परखने का औत्सुक्य था, क्योंकि राष्ट्रबोध की सात्त्विक अवधारणा का उत्स वैदिक संस्कृति ही तो है।

दंडकारण्य आर्यावर्त का वह हृदयदेश है, जहाँ का कण-कण ब्रह्मज्ञान से सुवासित है। यज्ञशालाओं में प्रज्वलित पवित्र अग्निज्वाला से कढ़ता हुआ धूम्रवलय दिव्य मंत्ररवों के साथ ऊपर उठता, मरुत् वेग से संतरित होता अंतरिक्ष की दिव्यात्माओं को प्रमुदित करता है।

भारत के आर्षकुल को अनुपम आभा से ऊर्जस्वित करने वाली हमारी देवोपम संस्कृति का वैशिष्ट्य विश्ववंद्य है।

मृत्तिका, तृण और वनस्पति के सहज-सुलभ उपादानों के सहयोग से निर्मित उटजों में पलने वाले ज्ञान वैभव की अनुपमेयता का अनुमान लगाना हो तो प्रकृति के सुरम्य परिवेश को अपनाने वाले वन्य जीवन का तपोभाव अंगीकृत करना होगा।

लोपा और अगस्त्य बनना होगा!

कभी सोचा है, कैसा रहा होगा वह आश्रमीय परिवेश जिसके क्रोड़ से भारत की महानतम संस्कृति ने जन्म लिया, सृष्टि के गूढ़तम रहस्यों का उद्‌घाटन करने वाला सूक्तों और ऋचाओं से प्रतिध्वनित अरण्य प्रांतर ही हमारे ज्ञान-विज्ञान की उदात्तता का साक्षी बना।

शाश्वतता का संधान करने वाले, चेतना-अंबुधि का निरंतर मंथन करते हुए ज्ञान का अमृतत्व प्राप्त करनेवाले हमारे पुरखों द्वारा खर-पात से बनाए गए आवासों में रहकर सभ्यता, संस्कृति की नई शब्दावली रची गई।

लोपामुद्रा उन ऋषिकाओं में प्रमुख थीं, जिन्हें वेदों का मंत्रद्रष्टा बनने का सौभाग्य प्राप्त हुआ।

कृषि, वाणिज्य, चिकित्सा, खनिज, भूगोल, खगोल, अर्थनीति, राजनीति, राष्ट्र के चतुर्दिक् अभ्युदय के लिए किए गए अभिनव प्रयोगों और अलौकिक उपलब्धियों की दृष्टि से वैदिक काल को आर्य संस्कृति का स्वर्णिम काल माना जाता है।

अध्यात्म और चेतनता के उस सूक्ष्म अलौकिक प्रबंधन ने ही राष्ट्र की अपार समृद्धि के द्वार खोले थे।

योग की प्रक्रिया से देह और मन के विकारों का प्रक्षालन, ध्यान की आधिभौतिक शक्ति से अखिल ब्रह्मांड का ज्ञान अर्जित करने का प्रयास, विद्या और अविद्या के बीच का अंतर स्पष्ट कराने वाला दृष्टिकोण ही वह आध्यात्मिक प्रबंधन है, जिससे जीवन का प्रत्येक अनुष्ठान पूर्ण होता है।

सृष्टि के समस्त दिव्य संसाधनों का अन्वेषण आध्यात्मिक शक्ति के

बिना संभव नहीं। शिक्षा, कला, संस्कृति, विज्ञान, पृथ्वी, जल, वायु, अग्नि, आकाश–समष्टि के सारे अवयव अध्यात्म के द्वारा संयोजित होते हैं।

यन्मनसा न मनुते, येनाहुर्मनो मतम्।
तदेव ब्रह्म् त्वंविद्धिः नेदं यदिदमुपासते॥

लोपा और अगस्त्य की जीवनशैली यही है। अध्यात्म को आत्म–प्रबंधन का श्रेष्ठतम आलंबन मानते हुए आत्मपरितोष भाव से कर्मयोग की साधना करना ताकि वित्तीय अपेक्षाओं की सीमा में रहते हुए समाज और राष्ट्र के उत्कर्ष को प्राप्त किया जा सके।

करोड़ों का पैकेज और बहुराष्ट्रीय कंपनियों के हाथों गिरवी रखा जाने वाला युवा वर्ग! आज के औसत भारतीय माता–पिता का लगभग एक ही स्वप्न—हमारी संतान विपुल अर्थवैभव से युक्त हों···, अकूत भौतिक संपदा का स्वामित्व उसे प्राप्त हो!

बिना आध्यात्मिक उत्कर्ष के मानसिक संतुलन कहाँ···!

अंध प्रतिस्पर्धा झुलसा रोग की तरह होती जा रही है। अधिकाधिक हस्तगत करने की लालसा मनोव्याधि को जन्म दे रही है। विवेक–बुद्धि के बिना संकल्प की सिद्धि किस प्रकार संभव है?

अगस्त्य जैसे अरण्यवासी गैरिक वसन महर्षि का आंतरिक जगत् उदात्त है। शस्त्र और शास्त्र विद्या के अधिकृत ज्ञान से नवयुवकों को आप्यायित करने वाली उनकी आर्षप्रज्ञा को इस सत्य का अनुमान है—

राम का रामत्व देहबल और आत्मबल की अद्‌भुत शक्ति से संवलित है। दंडकारण्य में वनवासी राम के लिए दिव्य शस्त्रागार को संरक्षित करते हुए उनकी आस्था प्रबल है—

रावण–वध का उपक्रम इन दिव्यास्त्रों के बिना संभव नहीं!

सूर्यवंशी रघुनंदन के लिए आदित्य हृदयस्तोत्र का न्यास करने वाले त्रैलोक्यदर्शी अगस्त्य आश्वस्त हैं—

भुवन भास्कर की सुवर्ण रश्मियाँ ही श्रीराम का रक्षाकवच बनेंगी, उनकी विजय सुनिश्चित करेंगी।

लोपामुद्रा अगस्त्य ऋषि की परिणीता या उनकी अनुगामिनी मात्र नहीं, प्रखर बौद्धिक, आध्यात्मिक व्यक्तित्व की स्वामिनी लोपा का प्रश्न नारी-मन की युगसाधित पीड़ा को झंकृति देने वाला है—

सीता की अग्नि-परीक्षा क्यों? श्री जानकी का अपराध क्या था?

मैं आश्वस्त हूँ—नव-ऋषिकाओं की ज्ञान दीप्ति से जगमग करते भारत का तप फलित होगा।

यह सत्य है कि निरभिमान, निरलस भाव से सहज ज्ञान की प्राप्ति का प्रयत्न करनेवाला ही कीर्ति का शिखर छू सकता है।

श्रद्धावान लभते ज्ञानम्।

भारत की नारी-शक्ति सकारात्मक ऊर्जा से परिपूर्ण, मृत्यु के रव में अमृतत्व का संधान करती उत्कर्ष के नए सोपानों की ओर अग्रसर है।

लोपामुद्रा और अगस्त्य की यह कथा हमारी संतति को असंशयी, दृढ़निश्चयी बना सके, यही इसका श्रेय और प्रेय है।

यह ध्रुव सत्य है ज्ञान, भक्ति और अध्यात्म की त्रिवेणी ही मनुष्य के प्रज्ञा प्रबंधन को अंतर्बाह्य विभव प्रदान करती है—

महोअर्णः सरस्वती प्रचेतयति केतुना।
धियो विश्वा वि राजति॥

लोपामुद्रा और अगस्त्य का युगावतरण हो, इसी महती आकांक्षा के साथ···

—ऋता शुक्ल

रक्षाबंधन
विक्रम संवत् 2080

लोपामुद्रा ऋषि अगस्त्य की प्रतीक्षा में प्रवेशद्वार पर खड़ी थीं। ब्रह्मविद्या में निष्णात, लोकधर्म को अपना सर्वस्व माननेवाली लोपा अपने शील स्वाभिमान में साक्षात् अनलशिखा! उनकी अभिन्न सखी मदनिका कृषकों की व्यथा कथा लेकर उनके सम्मुख थी—विदर्भ राज्य की संपूर्ण कृषि व्यवस्था जीर्ण-शीर्ण होने के कगार पर है। सबसे बड़ा कारण है, कृषि योग्य भू-भाग का अभाव! विशाल अजदहे की तरह फन फैलाए विंध्य हमारी सुख-शांति का बैरी बना हुआ है। सखी लोपे, क्या सचमुच ऋषि अगस्त्य तुम्हारी प्रार्थना का मान रखेंगे?

वे आएँगे मदनिका, निश्चय…!

उन्होंने समस्त ग्रामीणों की अन्नजनित समस्याओं का एक ही समाधान निकाला था।

यदि किसी भी प्रकार विंध्य पर्वत के अवरोध को दूर किया जाए तो…।

विदर्भ राजा अपनी कन्या की बात से पूरी तरह सहमत थे। महामंत्री, नगर प्रमुख तथा अन्य गणमान्य नागरिक भी कृषि के विस्तार के लिए युक्तियाँ ढूँढ़ रहे थे। लोपामुद्रा सर्वाधिक चिंतनशील थीं। उन्होंने समस्त असुविधाओं को दूर करने की एक बड़ी ही सुंदर वैज्ञानिक युक्ति निकाली थी।

भारत के दक्षिणी और उत्तरी समतल भू-भाग को मिलाने में सबसे बड़ा व्यवधानक है यह विंध्य पर्वत…! यदि इसे अपने स्थान से हटा दिया जाए, कोई ऐसी प्रणाली विकसित की जाए तो…

उन्हें अच्छी तरह ज्ञात था—महर्षि मान्य भूगोल विद्या में निष्णात थे।

यदि उनके समक्ष यह प्रस्ताव रखा जाए तो···लोक कल्याण की विराट् भावना लेकर वे अपने पिता के सामने उपस्थित हुई थीं—

'मुझे महर्षि मान्य के समक्ष अपना प्रस्ताव रखना है।'

विदर्भ राजा विस्मित नेत्रों से प्रिय कन्या को निहारते रह गए थे—

'क्यों पुत्री, ऐसी क्या आवश्यकता आ गई जो,···लोपा, बताओ प्रिय दुहिता!'

उन्होंने संक्षेप में अपनी मंशा पिता के सामने व्यक्त की थी—

मुझे पता है, वे महानुभाव इस कार्य में कुशल हैं। उन्होंने भू-गर्भ शास्त्र का सम्यक अनुशीलन किया है। ऐसा सुना गया है कि अपने गुरुकुल का विस्तार करने के लिए उन्होंने दुर्गम शिलाखंडों को बिना किसी अत्यधिक श्रम भार के बड़ी सहजता के स्थानांतरित किया और अंतेवासियों के लिए समतल भूखंड का निर्माण किया।

पितृश्री, हमारे कृषकों को कर्षण हेतु भूखंड उपलब्ध नहीं। यदि विंध्य पर्वत का अवरोध शेष हो जाए तो हमारे कृषक जन दक्षिण के उर्वर भूखंड का उपयोग बड़ी सहजता के साथ कर सकते हैं।

मेरा अनुनय है कि आप उन महर्षि को सादर आमंत्रित करने में विलंब न करें। आज्ञा दें, मैं चलती हूँ। सखी मदनिका और उनके भ्राता बाह्य कक्ष में मेरी प्रतीक्षा कर रहे हैं। उनकी वाटिका के आम्रवृक्षों की मंजरियों में श्यामवर्ण विषाणु लग गए हैं। परिचारिका ने औषधि तैयार की है। उस घोल का छिड़काव करना है। सखी को मेरे सहयोग की अपेक्षा है।

राजा मलयध्वज ने त्वरित संदेशवाहक को महर्षि अगस्त्य के आश्रम भेजने की व्यवस्था की थी—

महाअमात्य, जाना तो मुझे चाहिए था लेकिन गोपनीय मंत्रणा से सूचना मिली है, प्रतिवेशी राज्य की सीमा पर सैन्य शक्ति का जमाव बढ़ रहा है। शत्रु के मन की गति का तो पता नहीं, लेकिन हमें तैयार रहना होगा।

महाअमात्य पूर्णरूप से सज्जित भव्य रथ अपने साथ लेकर प्रस्थान करने ही वाले थे कि राजकुँवरि लोपामुद्रा स्वयं उनसे मिलने के लिए उनके कार्यालय कक्ष में चली आई थीं—

लोपा बिटिया, मुझे बुलवा लिया होता पुत्री···।

पितृव्य, आपको नमस्कार है।

कहो लोपा, क्या कहना चाहती हो···? अगस्त्य महर्षि बड़े मान्य हैं। आप उनसे करबद्ध निवेदन अवश्य करेंगे। आप विनती करेंगे—दक्षिण, उत्तर दोनों दिशाएँ परस्पर संधि के लिए उत्सुक हैं। सेतुबंध बनने का दायित्व परमपूज्य महर्षि को ही उठाना होगा। मुझे पता है, वे अपने आध्यात्मिक अनुसंधानों में अहर्निश व्यस्त हैं। विमान उड्डयन विद्या, विद्युत् परिचालन विद्या, सुवर्ण निर्मिति कला···और न जाने क्या-क्या···!

आप उनसे कहेंगे—

विदर्भ राज्य की लक्ष-लक्ष लोकचेतना आपकी बाट जोह रही है। कृषकों का उदर-पोषण, देश के भौतिक उत्कर्ष का प्रश्न हम सबको मथित कर रहा है। आप एक बार आने का कष्ट करें तो हमारी प्रजा का बड़ा उपकार हो। इसे मेरा व्यक्तिगत निमंत्रण समझें और कृपा करें।

मैं समझ गया। तुम आश्वस्त रहो···। महर्षि मेरे साथ अवश्य पधारेंगे।

उन्होंने सार्थवाह को निर्देश दिया था—सुविमल, हमें शीघ्रातिशीघ्र पहुँचना होगा।

दंडकारण्य का सुरम्य परिवेश। उटजों के ऊपर सांध्यतप की ज्वाला से निःसृत अगरूधूम के वलय भीनी-भीनी सुवास छोड़ते, वेद मंत्र घोष को अंतरिक्ष तक पहुँचाने के लिए आनंद विह्वल गति से ऊपर की ओर उठते हुए···।

महाअमात्य ने वेत्रद्वार के बाहर ही रथ रोक दिया था। दो ऋषि कुमार उनका परिचय और आगमन का प्रयोजन आदि पूछते सत्वर आचार्य के उटज की ओर मुड़ गए थे।

कुश आसन पर विराजमान श्यामल वर्ण का एक युवा संन्यासी! निकट के करील कुंज में विश्राम करते व्याघ्र को चौकन्नी दृष्टि अपरिचित व्यक्ति पर पड़ी थी, वह ऋषि का आदेश प्राप्त करने के लिए तनिक व्यग्रता से उनकी ओर निहारने लगा था।

ऋषि अगस्त्य की मुस्कान में अद्भुत सम्मोहन था। व्याघ्र नतशिर उनका इंगित स्वीकार करता घनी झाड़ियों में कहीं लोप हो गया था।

समक्ष बैठे महाअमात्य और उनका संदेश श्रवण करने के पश्चात् चिंतन की भंगिमा में बैठे महर्षि···

लोककल्याण मेरे लिए सर्वोपरि है। राजकन्या लोपामुद्रा की ज्ञान गरिमा के विषय में विदर्भ के वटुकों से थोड़ा सुन चुका हूँ। इन दिनों विमानन विद्या का मेरा नया ग्रंथ पूर्णाहुति पर है। मेरे सिद्धहस्त शिष्यगण इस महत् कार्य में लगे हैं। आपके मतानुसार मेरा विदर्भ जाना भी आवश्यक है। आप अतिथिशाला में विश्राम करें, तब तक मैं कोई निर्णय···

महामात्य ने विनम्र भाव से पुन: निवेदन किया था—

महर्षि पूर्ण विश्वास है कि आप हमारी बिटिया लोपामुद्रा और महाराजजी के आमंत्रण का मान रखेंगे। विदर्भ विपदाग्रस्त है। आपके बिना हमारे संकट का त्राता अन्य नहीं हो सकता···।

महर्षि अपने आसन से उठ खड़े हुए थे—

तथ्य यह है श्रीमन् कि इन दिनों सुदीर्घ यात्राओं को स्थगित कर रखा है। नूतन प्रयोगशाला के निर्माण और वानस्पतिक ऊर्जा के संधान में मन बावला हुआ है। अस्तु, प्रात: यत्किंचित् आहार लेकर आप और हम राजकन्या के देश प्रस्थान के लिए प्रस्तुत होंगे।

महामात्य को जैसे कोई दुर्लभ संपदा प्राप्त हुई हो···वे हलके मन से अतिथि-कक्ष की ओर बढ़ चले थे।

विदर्भ नरेश ने रत्नजटित सुवर्ण थाल में महर्षि के चरण धोए थे—

महाभाग, आपका आगमन विदर्भ के लिए सुख–समृद्धि का सूचक है। पधारें! उन्होंने पुत्री लोपामुद्रा को निकट बुलाया था—

पुत्री, भोजन और विश्राम का प्रबंध करो! यात्रा लंबी थी। मुझे पता है, तुम्हारी जिज्ञासा अपने चरम पर है।

महर्षि की गंभीर दृष्टि समक्ष खड़ी युवती पर पड़ी थी। तपोवन के वीतरागी पुरुष के उन सामरस्य भरे धीर–गंभीर नेत्रों में एक सूक्ष्म महाराग तरंगायित था। मैं आश्वस्त हूँ कल्याणी, श्रेष्ठ यही होगा कि हम यथाशीघ्र अपनी वार्त्ता आगे बढ़ाएँ!

लोपामुद्रा ने चाँदी के थाल में व्यंजन परोसे थे—

पहले आप कुछ ग्रहण करें। मैं आपकी रुचि के विषय में अधिक नहीं जानती। मैंने स्वयं आपके लिए···

अगस्त्य किंचित् परिहास की भाव भंगिमा में थे।

वैसे तो हम आश्रमवासियों के लिए यव तंदुल या वन प्रांतर में प्राप्त होने वाले फलों पर ही परितोष करना पड़ता है, लेकिन राजप्रासाद की राजकन्या यदि अपने हाथों से अपूप बनाकर परोसने लगे तो प्रलोभन जगेगा ही न···!

लोपा के नेत्र लज्जारुण हो उठे थे—दीर्घबाहु, श्यामवर्ण, धीर–गंभीर, अस्मितावाला, सागर का अथाह जल पलक झपकते अदृश्य करनेवाला, सुदृढ़ देहयष्टि वाला यह योग पुरुष···चपल बालक की तरह कैसे अपूप खाए जा रहा है—

एक और देंगी···?

सच, प्रथम बार गुरुकुल जाने लगा था न, तब मेरी माता ने ठीक ऐसे ही अपूप बनाए थे। पूरे मार्ग माखन सदृश मुख में घुलनेवाले अपूपों को उदरस्थ करता गया था मैं। तब भी मेरी बुभुक्षा शांत नहीं हुई थी।

लोपामुद्रा ने अपने कौतुकी प्रश्न को मन में दबा लिया था—

ऋषिवर, तो क्या इसलिए आपने समुद्र का अथाह जल अपने भीतर समेट लिया था?

अगस्त्य पुओं का आस्वाद लेने में मग्न थे। लोपा छिपी आँखों से उन्हें देखती मन-ही-मन पुलकित थी—

विदर्भ के भाग जागेंगे, विंध्य पर्वत का अवरोध मिटानेवाले तपी पुरुष का इस क्षेत्र में पदार्पण हो चुका है।

नगर के गणमान्य नागरिकों का, कृषक समाज के प्रमुखों का, श्रेष्ठिजनों का आगमन सभाकक्ष में हो चुका था।

नरेश ने महर्षि को अर्घ्य अर्पित करते हुए उन्हें उच्चस्थ आसन पर बिठाया था। राजमाता के साथ लोपामुद्रा सामने की पंक्ति में विद्यमान थी।

पार्श्व में बैठी मदनिका ने धीरे से परिहास किया था—

लोपा, आज कौन सा सौंदर्य प्रसाधन लगाया है सखी, ऐसा दैवीय तेज··· और तुम्हारे इस रेशमी परिधान की लालिता! सत्य, कितनी दिव्य प्रतीत हो रही हो! युवा महर्षि को पधारे एक दिवस भी नहीं बीता, तुम्हारे रूप-सौंदर्य में कितना मधुर आकर्षण···! यह रहस्य मुझसे मत छिपाना, सच कहो···

महाअमात्य ने संवाद का सूत्र अपने हाथों में लिया था—

इस सभाकक्ष में विराजमान सभी अतिथिगण को यह संवाद देते हुए मुझे अत्यधिक हर्ष हो रहा है कि ब्रह्मविद्या के तेज से आलोकित, वसुंधरा से लेकर अंतरिक्ष तक ज्ञान-विज्ञान के क्षेत्र में नित्य नूतन अनुसंधान करनेवाले महर्षि मान्य की हमारे बीच उपस्थिति देवों का वरदान बनकर फलित हुई है। इनके दर्शन मात्र से ही नवीन आत्मविश्वास का, नूतन स्वप्नों का उदय होता है। हम सब को राजकन्या लोपामुद्रा के अथक प्रयास को साधुवाद देना चाहिए। उनका विशेष आमंत्रण स्वीकार कर अपनी व्यस्ततम तपश्चर्या से अवकाश निकालकर मान्यवर आज हमारे मध्य हैं।

समवेत साधुवाद का उच्चार करते हुए अपने-अपने स्थान पर खड़े

होकर नागरिकों ने महर्षि की अभ्यर्थना की थी।

सर्वप्रथम कृषि प्रमुख ने अपने समुदाय की समस्याओं की ओर सभा का ध्यान आकृष्ट किया था—

हमारे पास उर्वरक है, पशुधन भी, बीजों का समुचित भंडारण भी है, लेकिन कृषि योग्य भूमि का अभाव है। परिणामस्वरूप, जो अन्न हम उपजाते हैं, उससे प्रजा का उदर-पोषण नहीं हो पाता।

श्रेष्ठि प्रमुख ने अनुमोदन के स्वर में बात आगे बढ़ाई थी—

कृषि के उन्नत विस्तार पर ही हमारा व्यवसाय भी आधृत है। हमारे पण्य की स्थिति भी बहुत संतोषप्रद नहीं है। ऐसी दशा में हम ऋषिवर से करबद्ध निवेदन करते हैं कि हमें कृषि योग्य श्रेष्ठ भूमि उपलब्ध कराने की कृपा करें।

लोपामुद्रा ने पिता की ओर इंगित किया था—

महाराज ने स्पष्ट वक्तव्य दिया था—

आपका जीवन लोककल्याण के लिए है। आपके अतुल पुरुषार्थ की कथाएँ सब जानते हैं—मंत्रबल, यंत्रबल या अन्य किसी भी विधि से आप विंध्य पर्वत के व्यवधान को दूर करने की सामर्थ्य रखते हैं। यदि ऐसा संभव हुआ तो दक्षिणात्य भूमि का विस्तार हमें सहज सुलभ हो सकेगा। हमारे कृषक सुख-संपन्नता की अनुभूति से धन्य होंगे, हमारे श्रेष्ठिजन व्यवसाय की क्षमता का विस्तार प्राप्त कर सकेंगे।

महर्षि, यह राज्य आपके समक्ष याचक की भूमिका में प्रणत है। आप अपने तप के शौर्य से दुष्प्राप्य को भी सहज प्राप्य बना सकते हैं।

अगस्त्य सीधे सतर बैठे अपूर्व शांति के साथ सबकी बातें सुन रहे थे। उन्होंने पार्श्व में बैठी राजकन्या पर दृष्टि डाली थी—

लोपामुद्रा का रोम-रोम निवेदित था—आपको स्वीकार है न¨, ऋषिकल्प, बोलते क्यों नहीं? मेरे लिए, मेरे वचन की रक्षा के लिए, कह दीजिए न प्रभु¨,

अगस्त्य अपने आसन से उठ खड़े हुए थे—

आप लोगों का, नरेश और उनकी दुहिता का मान रखता हूँ। वचनबद्ध हूँ। प्रयास करता हूँ कि विंध्य का अतिक्रमण कर सकूँ…।

सभा उत्फुल्ल थी—

समझ लो, हमारे दुःख दारिद्रय के दिन गए। यह पर्वत मार्ग दे देगा। निश्चय!

मणिखचित स्वर्ण नूपुरों की मधुर ध्वनि में कैसा लास्य भाव था—मुझे ज्ञात था। तुम ना नहीं कहोगे।

दूसरे दिन अगस्त्य चुपके से विंध्य की परिक्रमा करने के लिए अतिथि सौध से बाहर निकल पड़े थे। एकादशी का निर्जल व्रत था। लंबे-लंबे डग भरते वे अपने गंतव्य की ओर निकल पड़े थे।

विंध्य पर्वत अपनी उत्तालता में अनुपमेय, अपने अहंकार में अडिग! मैं चाहूँ तो सूर्य का रथ रोक दूँ। जीवंत अश्म का इतनी तीव्रता से बढ़ना, आकाश की ऊँचाई को छू लेने की प्रतिस्पर्धा से भरकर अपनी सीमा का अतिक्रमण करना!

जगत् नियंता ने कलकल प्रवाहित नदियों का भी निर्माण किया है। नगाधिराज हिमालय की गोद में पलती भागीरथी की धारा कभी सूर्य का संस्पर्श पाने के लिए आकुल-व्याकुल क्यों नहीं होती? क्योंकि उसे और समस्त नदियों को, जलप्रपातों को अपने दायित्व का बोध है। तटबंधों के निकटस्थ ग्राम-प्रांतर को अपने शीतल अमृत जल से सिंचित करती, पूरे क्षेत्र को उर्वर बनाती, नीरव बहती सागर के विशाल वक्ष में समा जाती हैं। उन्हें अपने बहाव का अभिमान क्यों नहीं होता?

विचार वैभव से समृद्ध अगस्त्य अपनी ही रौ में तल्लीन कब विंध्य श्रेणी के निकट पहुँच गए थे, उन्हें ज्ञात ही नहीं हुआ था।

पथ चाहिए, मुझे इस उद्यत जड़ पर्वत को अपने बाहुबल, योगबल से

नत करना है। उत्तर और दक्षिण—आर्यावर्त की दोनों दिशाओं का संधिराग रचना होगा। विदर्भ ही नहीं, संपूर्ण राष्ट्र की अस्मिता को धन-धान्य से युक्त करने के लिए··· राजकन्या के परितोष के लिए भी तो···

छोटी-सी उस पर्वतीय नदी ने उनके पाँव पखारे थे—

ऋषिवर, आपका लक्ष्य जानती हूँ मैं! लोपा अपनी सखियों के साथ प्राय: यहाँ आती, अमोद-प्रमोद मनाती है। उसके सुंदर विचारों से भली-भाँति अवगत हूँ मैं। इस दुर्लंघ्य पर्वत के उस पार की सृष्टि देखना चाहती है वह! अपनी प्रजा के अभ्युदय के लिए यहीं, इसी शिलापट्ट पर बैठकर न जाने कितने स्वप्न बुने हैं उसने! एक दिन अकेली बैठी मुझसे कितनी मधुर वाणी में वार्त्तालाप कर रही थी वह—

सदानीरा, यह हठी विंध्य विनत होगा, इसे मार्ग देना ही होगा। फिर देखना, मैं तुम्हें भी अपने साथ दक्षिण देश ले चलूँगी! तुम्हारे तट पर हरित धान्य लगाया जाएगा। मैं स्वयं अपनी सखियों के साथ भू-कर्षण का, बीजवपन का कार्य करूँगी···। बोलो, मेरे विचारों से सहमत हो न···?

अगस्त्य के भीतर ईक्षुधार की तरह अद्भुत माधुर्य का शनै:-शनै: रिसाव होने लगा था—महादेव, एक संन्यासी के हृदय में यह कैसा विकार···? विद्युत् उत्पादन की अति शुष्क प्रक्रिया से, वेद-मंत्रों के सृजन की उदात्तता से, योग के महाकर्षण से दिवा रात्रि जुड़े रहनेवाले मुनि के मन में लोपा के लिए कब, कैसे एक मणिकय आसन की निर्मिति हो गई, उन्हें आभास तक नहीं हुआ। पद्म, मुकुंद, अभिनव, आनंद को क्या बताकर आए थे वे!

मेरे निर्देश को सूक्ष्मता से आत्मस्थ कर लो। ताम्रपट्टिका, शिखीग्रीवा, काष्ठचूर्ण, पारद—ये सभी वस्तुएँ पर्याप्त मात्रा में एकत्र करना। प्रयोगशाला में कोई बालवटुक प्रवेश नहीं करने पाए। मैं कार्य समाप्ति के पश्चात् शीघ्र लौटूँगा।

उन्होंने मन-ही-मन सरिता को प्रणाम किया था और श्वेत शिलापट्ट

पर पद्मासन लगाए बैठ गए थे। उन्हें ऐसा प्रतीत होने लगा था, जैसे वेगवती क्षिप्रा उनके मनोमार्ग को प्रशस्त करती, उनके संपूर्ण अस्तित्व को आच्छादित करती, आगे-आगे बहती हुई उन्हें सही दिशा बोध दे रही हो—

ध्यान के नेत्रों से स्पष्ट लक्षित कर रहे थे वे···छोटे-बड़े कितने ही गह्वर जैसे प्रकृति ने कई शिलाद्वार बना रखे हों।

दुर्भद्यता, अहमन्यता अथवा रहस्यमयता जहाँ व्याप्त हो, वहाँ कदर्यता, दुर्बलता और कापुरुषता की हीन ग्रंथियाँ अवश्य होती हैं। इसलिए तो शत्रु के मर्मस्थल का ही सर्वप्रथम संधान करणीय होता है।

विलक्षण विशेषज्ञता प्राप्त थी ऋषि अगस्त्य को। उस दिन वापस लौटे तो लाल माटी का एक वजनी थैला उनके कंधे से झूल रहा था। अतिथि सौध की भूमि एक चलंत प्रयोगशाला में परिणत हो गई थी।

श्याम मृत्तिका, बालुका मिश्रित मृत्तिका, मरू मृत्तिका—यथा नाम तथा गुण···!

उनके साथ कतिपय छोटे-बड़े शिलाखंड भी थे।

उनका स्पष्ट निर्देश था—

कोई व्यवधान नहीं। प्रवेशद्वार पर मृण्मय घट में शीतल जल और थोड़ी सी शर्करा। आवश्यकता हुई तो वे स्वयं ही ग्रहण कर लेंगे। अनुष्ठान पूरा करना उनकी प्रथम प्रतिश्रुति है।

वह पूर्णिमा की रात्रि थी। शरद पूर्णिमा!

विंध्य शिखर के मस्तक पर चाँदी का एक भव्य थाल व्योममंडल के ईशान कोण से क्रमशः ऊपर की ओर उठता हुआ। कपास की श्वेतकण आभा से एकाकार चंद्रकिरणों का इंद्रजाल! सामने वाले उद्यान के चैत्य पर नीलवस्त्र धरिणी, उन्मुक्त केशी कौन बैठी है वह···?

राजकन्या···?

पुलक कंपित हृदय को धीरे से कशाघात दिया था उन्होंने—

संयम और अनुशासन का सारा पाठ मुहूर्त मात्र में कहाँ विलोपित हो गया? श्वेतानना इस सुमुखी का तो क्या, किसी भी कोमलता के लिए इस प्राणवायु में कोई स्थान नहीं। उन्हें तपोवन स्थित पट्टशिष्य पद्मनाभ पद्म के विनोदी बोल सुनाई देने लगे थे—

गुरुदेव, विंध्य पर्वतराज को विनत करने गए थे न, अपना हृदय हार आए··· ? अब हमारे विद्युतीय प्रयोगों का क्या होगा?

□

कहीं ऐसा न हो कि हमारे सारे आविष्कार धरे-के-धरे रह जाएँ और आप नई स्नेह रज्जु से बँधकर··· !

मुँहलगे अंतरंग शिष्य को धीरे से अनुशासित करते हुए उन्होंने आत्मालाप किया था—कदापि नहीं। यह विवशता मेरे जीवन में कभी नहीं आने वाली। यह विषम ज्वर सिर उठाए, इसके पूर्व मैं···

उन्होंने कलश जल को एक बड़े पात्र में उड़ेला था—आज तृषा कुछ विशेष प्रतीत हो रही है। कक्ष में लौटकर वे पुनः अपने गहन कार्य में संलग्न हो गए थे।

उषाकाल समक्ष था। भुवन भास्कर विंध्य पर्वत के अवरोध को स्वीकार नहीं कर पा रहे थे। उनकी आरक्त आभा चतुर्दिक् प्रसार के लिए संघर्षरत थी।

उचित कहा था राजकन्या ने—येन-केन-प्रकारेण, इसका उपचार तो करना ही होगा।

समाधान उनके समक्ष था—

नरेश ने उनका परामर्श मानते हुए विंध्य श्रेणी के सन्निकट किसी भी मनुष्य को नहीं जाने की चेतावनी दी थी—

सुनें, प्रजाजन···। सर्वधारण को यह शास्ति दी जाती है, पर्वत शृंखला से

योजन भर तक किसी का भी जाना वर्जित है। अपने पशुधन को भी सुरक्षित रखें···

लोपामुद्रा एक पल के लिए समक्ष आई थी—

ऋषिवर, ये जवा पुष्प हैं, हमारी देवी माँ की आराधना से सुवासित! आपका महत कार्य निर्विघ्न संपूर्ण हो, आप विजयी बनें···।

केसरिया वर्ण अंचल धीरे से लहराकर सिमट गया था। अपनी सखी मदनिका के साथ वह देवालय के गर्भगृह में प्रविष्ट को गई थी।

मध्यरात्रि में भीषण विस्फोट से धरित्री का वक्ष कंपित हो उठा था। अपने-अपने गृह-द्वार खोलते स्त्री-पुरुष, बालक बाहर निकल आए थे। विदर्भ नरेश, महारानी, लोपामुद्रा राजप्रासाद के बाहर निकल आए थे—

प्रतिहारी अंगरक्षक, रात्रिप्रहरी सबके मुखों पर घबड़ाहट थी। महाअमात्य द्रुतगाति से आते हुए दिखाई दिए थे।

सब लोग आशंकित—ऐसी प्रलयकांरी ध्वनि···! और ऋषि अगस्त्य···!

कहाँ गए वे···?

अतिथि सौध के द्वार खुले हुए···कक्ष खुला। अपने प्रयोग की सारी वस्तुएँ संग लेकर कहाँ चले गए वे···?

आनंदातिरेक ने राजकन्या को एक सामान्य कृषक कन्या बना दिया था—

पिताश्री, माते, विंध्य पराजित हुआ। यह मुनिवर की विज्ञानशक्ति का चमत्कार है। इसे विस्फोट नहीं, जीवनी शक्ति का शंखनाद समझें···! दल-के-दल ग्रामवासी विंध्य श्रेणी की ओर बढ़ चले थे।

विजय का एक बड़ा आख्यान लिखा गया था। आज सम्राट, सम्राज्ञी, छत्रविहीन, पदत्राण रहित अपनी प्रिय प्रजा के साथ आनंदपर्व मनाते पैदल ही निकल पड़े थे।

लोपामुद्रा सबसे आगे। मदनिका ने टोका था—सखी, परिधान बारंबार पैरों में उलझ रहा है। तुम्हारी मेखला भी ढीली पड़ गई है। कहीं ठोकर न लगे!

नहीं, आज उसकी गति को कोई भी विराम नहीं लगने वाला। दक्षिणी वायु का मधुर झोंका ऋषि की अनंत विजय की गाथा उसके कानों में गुनगुना रहा है।

विदर्भ, उसका प्राणप्रिय प्रदेश, उत्कर्ष का स्वर्णद्वार खुला हुआ देखकर फूला नहीं समा रहा है। भुवन भास्कर की नव-रश्मियाँ विदर्भ की माटी का स्पर्श करती हुई मुसकरा रही हैं।

राजकन्या निष्पलक देख रही है—विंध्य का उच्चतम शिखर अवनत, पराभूत…अगस्त्य ने अपने बल का प्रयोग किया। उनकी वैज्ञानिक सिद्धियाँ चरितार्थ हुईं।

प्रजाजन के विस्मय-सुख की सीमा नहीं है—दुर्गम पर्वत ने राह दे दी, इतनी प्रशस्त, इतनी समतल और पर्वत के खंडित होने की दशा में जो विशाल उपल गिरे होंगे, उनका क्या, वे कहाँ गए… ?

मदनिका की चपलता देखने लायक थी—असुर वातापी की तरह मुनिवर ने उन्हें अपना ग्रास तो नहीं बना लिया?

लोपा के नेत्रों के इंगित ने उसे मना किया था—इस वक्त कोई ठिठोली नहीं…। देखती नहीं, वे शरीर से कितने क्लांत दिखाई दे रहे हैं! कई रात्रियों का जागरण और ऐसा दुस्तर कार्य…!

लेकिन सखी, वे तो अत्यंत प्रफुल्लचित्त दृष्टिगत हो रहे हैं। उचित भी है, तुम्हारे श्रीमुख को देखकर उन्होंने नई स्फूर्ति प्राप्त कर ली है।

अगस्त्य गहरी परिशांति से पूरित थे—नरेश, आपका कार्यसिद्ध हुआ। मैंने सारे उपल पर्वत के पश्चिमी भाग वाली अनुर्वरा धरती के गर्भ में सुरक्षित रख दिए हैं।

अब यह दक्षिणावर्त पथ पूरी तरह प्रशस्त और सर्वसाधारण के लिए सहज सुगम्य हो गया है।

उस रात्रि का वह विदा भोज··· ! राजपुरोहित महाअमात्य, सेनाध्यक्ष और नगर के गणमान्य जन समारोह में उपस्थित थे। ऋषि श्रेष्ठ मान्य अगस्त्य का सार्वजनिक अभिनंदन किया जाना था—

हीरक, माणि-माणिक्य, रेशमी गैरिक वस्त्र···। आश्रम के सभी वटुकों के लिए यथेचित उपहार···।

ऋषि ने हथेलियों के स्पर्श से स्वीकार, अस्वीकार का निरासक्त भाव प्रदर्शित किया था—इस राज्य का कल्याण हुआ, मैंने अपना दायित्व पूर्ण किया। ये मूल्यवान् उपहार मेरे लिए किसी भी काम के नहीं।

उन्हें प्रस्थान की शीघ्रता थी। मेरे बिना तपोवन में सभी कार्य बाधित हो रहे हैं। अब विदा···।

विदर्भ राजा के निजी कक्ष में महारानी लोपामुद्रा को संग लिये आकुल प्रतीक्षा कर रही थीं—

महाराज, एक विनती है।

□

हमारी पुत्री के लिए अनेक प्रदेशों से विवाह प्रस्ताव आए और लोपा ने तथा आपने सभी प्रस्तावों को अस्वीकार किया।

माना कि लोपा समस्त विद्याओं में पारंगत है। सर्वविद्या की स्वामिनी है हमारी प्राणप्रिय कन्या! लेकिन हम उसे आजीवन अविवाहिता भी तो नहीं रख सकते न···।

आप कहना क्या चाहती हैं?

मुझे ऐसा प्रतीत होता है कि अगस्त्य ऋषि के रूप में विधि का विधान स्वयं चलकर हमारे निकट पहुँचा है। क्यों न हम···

कैसी बात कह रही हैं आप··· ? कहाँ वे वीतरागी योगी यती और कहाँ

सुख सुख-साधनों के बीच पली हमारी एकमात्र कन्या!

अंतिम वाक्य लोपा के थे—

पिताश्री, तपोवन में रहनेवाले लोग क्या गृही नहीं होते··· ? जहाँ तप बल है, वहाँ जीवन कितना सरल हो जाता है! राजभवन की प्राचीरों में बंदिनी होकर रहना मुझे कभी भी स्वीकार्य नहीं। माताश्री ठीक कह रही हैं। यदि उन्हें कोई आपत्ति न हो तो···

पुत्री के मुख पर लज्जा की अरुणिमा देखकर पिता सबकुछ समझ गए थे।

उन्होंने अगस्त्य को अपने निजी कक्ष में बुला लिया था।

आपको एक नए दायित्व से बाँधना चाहता हूँ। आशा है मेरा निवेदन स्वीकार्य होगा।

मंत्रद्रष्टा ऋषि के समक्ष अपूप परोसने वाली सुंदर कलाइयाँ उभर आई थीं—

राजमाता की वात्सल्य भींगी वाणी ने रहस्य खोला था—

हमारी बिटिया राजयोगिनी है। जल में विकसित होने वाले पद्म की तरह निरलस, निरासक्त···। राजप्रासाद उसे प्रिय नहीं! आपके तपशील, गुणवैभव को उसने और हम दोनों ने भी अच्छी तरह देख-परख लिया है। यदि आप हमारी कन्या को जीवनसंगिनी के रूप में वरण करना चाहें तो···

जीवन का यह कैसा अभिनव प्रयोग··· ? आसुरी संस्कृति से जूझते अभयारण्य की परिकल्पना करते, वायुयान के उड्डयन की विधियों का आविष्कार करते अगस्त्य के समक्ष ऐसा भी कोई प्रसंग आएगा, उन्होंने सोचा नहीं था।

उन्होंने धीमे स्वर में कहा था—

राजकन्या को बुलाएँ। मुझे उनसे थोड़ी वार्त्ता करनी है।

सामने की काष्ठपट्टिका पर बैठी लोपामुद्रा तनिक भी असहज नहीं थी।

अगस्त्य की वाणी क्षणभर के लिए विरमित हुई थी—

ऋषिवर, आप पर कोई भी दबाव नहीं है। मैं अपनी ओर से यह विश्वास दिलाना चाहती हूँ कि कभी भी आपके जीवन पथ की बाधा नहीं बनूँगी। आपका उटज, आपके वटुकों का संग-साथ यही मेरा श्रेय होगा और यही मेरा प्रेय भी···!

लेकिन मेरा प्रेय क्या है, बताऊँ···?

□

आपके हाथों के बने स्वादिष्ट अपूप···आशा है कि मेरी पर्णकुटी यदा-कदा आपके अपूपों की सुगंधि से तृप्त होगी। मैंने उचित कहा न···?

लोपा के नेत्र सतरंगी चूनर की आभा से दमक उठे थे।

ऋषि ने थोड़े में बहुत कुछ कह दिया था।

अब मदनिका की बारी थी—क्यों महर्षि, इतना बड़ा मूल्य अपने साथ लिये जा रहे हैं? बड़ी दूर की सोचकर आए थे आप तो···

ऋषि ने बड़ी कोमलता से अपना बचाव किया था—

आपके प्रदेश की ब्रह्मवादिनी कन्या यदि स्वयं इस तापस का वरण करना चाहें तो मेरे अस्वीकार का तो प्रश्न ही नहीं उठता है न···!

एक छोटा सा अनुष्ठान··· वैदिक मंत्रों का उच्चारण और पाणिग्रहण संपन्न!

अगस्त्य ने संकेत दिया था—हमारे आश्रमीय जीवन में स्वर्ण, रजत, मोती माणिक्य आदि के लिए कोई स्थान नहीं। यदि संग ले जाना चाहती हैं तो अपने सारे धर्मग्रंथ समेट लें। और हाँ, थोड़े से पुए भी।

मार्ग के लिए कुछ पाथेय तो चाहिए न···!

महाअमात्य ने निवेदन किया था—महर्षि, आज्ञा हो तो मैं भी साथ चलूँ।

अगस्त्य ने संकेत से मना कर दिया था—मैं एक कुशल सार्थवाह भी हूँ,

संभवत: आपको यह ज्ञात नहीं··· । आपका रथ, आपके अश्व मेरे शिष्यगण सकुशल राज्य सीमा तक पहुँचा देंगे··· ।

सबका अभिवादन स्वीकार करते लोपामुद्रा की साटिका के साथ गैरिक उत्तरीय का छोर बाँधे रथ में सवार हुए थे तो भीतर बैठी एक आशंका सिर उठा रही थी—

विदर्भ नरेश की राजकुँवारी को ब्याह तो लाए, तुम्हारे तपोवन की जीवनशैली उसे रास नहीं आई तो··· ?

लोपामुद्रा ने सहज बुद्धि से पति के मन की भावना को पढ़ लिया था—मैं राजकुल में पली-बढ़ी, यह सत्य है, लेकिन भौतिक आकांक्षाओं को नियंत्रण में रखने का पर्याप्त आत्मबल मुझमें है। समय और परिस्थिति के अनुरूप अपने आपको परिणत करना ही मानव जीवन को सुगम बनाता है।

आर्य, कठोर-से-कठोरतम परीक्षा में भी आप मुझे प्रथम पंक्ति में खड़ी पाएँगे।

रथ की वल्गा थामे हुए उन्होंने मुसकराकर पीछे देख लिया था—

अंतर्मन की भाषा पढ़ने की विद्या आपने कहाँ से पाई राजकुमारी··· ?

राजकुमारी नहीं, ऋषि अगस्त्य की पत्नी लोपामुद्रा! बस, इसके आगे-पीछे कुछ भी नहीं··· ।

वयोवृद्धा, संपूज्या, प्रात:वंदनीया आश्रम निवासिनी विशाला माँ ने आगे बढ़कर नववधू की अगवानी की थी—

अतिशय सौभाग्यशालिनी हो तुम··· मेरा पालित पुत्र है तुम्हारा यह पति या यूँ समझो कि मैं ही उसकी पालिता जननी हूँ।

यह आश्रम, यहाँ के निवासी तुम्हें पाकर धन्य हुए। पुत्री, थोड़ी देर विश्राम कर लो, तब तुम्हें आश्रम परिसर दिखाऊँगी। तब तक तुम्हारे और अगस्त्य के लिए कुछ भोजन का प्रबंध करूँ··· ।

अगस्त्य ने अलगनी से वस्त्र उतारे थे—

माते, आपकी पुत्रवधू ने अपने हाथों से बनाए अपूप खिलाकर उदर की समस्या का समाधान कर दिया है। अब तो सांध्यकाल में थोड़ा सा दूध लेने भर से ही काम चल जाएगा।

लोपामुद्रा ने अंचल दोनों हाथों में लेकर प्रवरा विशाला के दोनों पाँव छूए थे।

अक्षय सौभाग्यवती भव…!

लोपा पुत्री, आओ भीतरी कक्ष में विराजो!

नहीं माते, मुझे तनिक क्लांति नहीं। आइए, आप यहाँ ऊँचे आसन पर विराजिए। आपसे बहुत कुछ ज्ञान प्राप्त करना है मुझे…।

लो, इस बालिका की ठिठोली सुनो! तेरे मस्तक की रेखाएँ, बातचीत की विधि बताती हैं, जननी ने सबकुछ सिखाकर भेजा है। एक ही बात कहनी है पुत्री…। बड़ा अडबंगी है मेरा यह पुत्र…। दिवस-रात्रि केवल कार्य! न भोजन की सुध, न विश्राम की… तू आ गई है न, मैं आश्वस्त हुई! मेरी तो डाँट-डपट का भी कोई प्रभाव नहीं पड़ता इस बावले पर। कब कहाँ निकल जाएगा, कितनी देर बाद लौटेगा, कोई सूचना नहीं, इसलिए तो पद्मनाभ को परछाईं की भाँति इसके पीछे लगाए रखती हूँ। कहता है, माते, प्रयोग करता हूँ…। मेरे मस्तिष्क में नित्य नूतन प्रयोग के कीटाणु कुलबुलाते रहते हैं न…! सारे उपादान आस-पास के वनों में, नदियों के तटों पर बिखरे पड़े हैं न…। दूर थोड़े ही जाना है। सूर्योदय के साथ कार्य प्रारंभ करना और सूर्यास्त के पूर्व ही आपके कक्ष में अपनी उपस्थिति सुनिश्चित करना…।

विशाल माँ की आँखों में प्रेमाश्रु थे—आज पूरा तपोवन आनंदित है। मेरा पुत्र गृहस्थ जो बन गया है। कहता था—मेरा पूरा जीवन लोकहित के लिए नवीन आयुधों, आविष्कारों के लिए ही समर्पित है—किसी अन्य प्रसंग के लिए अवकाश कहाँ!

तुम्हारी जननी-जनक को कोटिशः आभार, तुम्हें एक तपस्वी की जीवन

संगिनी बनने के लिए उन्होंने अनुमति दी।

लोपा ने उनके दोनों हाथ पकड़कर वापस बिठा लिया था—

माँ, थोड़ी देर और बैठें तो सही··· !

आप से बहुत कुछ जानना, सीखना, समझना है। उनकी पसंद-नापसंद, आपके पुत्र तो बड़े हठीले हैं न··· !

लो, सुनो इसकी बात··· ! मेरा अगस्त्य हठीला नहीं, संकल्प साधक है और एक बात बताऊँ, उसके जीवन में अरुचि शब्द का कोई स्थान नहीं; भोजन का आस्वाद कैसा हो, गैरिक वसन उत्तम रेशों से बने हों या अतिसाधारण हों, उसे कोई अंतर नहीं पड़ता। टोकती रहती हूँ अपने प्रति इतनी उदासीनता उचित नहीं, पर वह माने तब तो···, उसे सुधारने का कार्य तुम्हारा··· ।

अच्छा, तब तक तुम सांध्य वंदन के लिए प्रस्तुत हो जाओ··· । मैं भी आश्रम का एक फेरा लगा आती हूँ।

महर्षि के पूजन कक्ष में सबकुछ यथास्थान रखा हुआ था—पूजन सामग्री, कपूर, अगरु, चंदन, हवन-सामग्री, स्रुवा, घृत पात्र···

लोपा पद्मासन पर विराजमान थीं। देवी स्तोत्र का अजपा जप, कुंजिका, कवच, कीलक का पाठ··· पूजन कक्ष की अलौकिक दीप्ति के सम्मोहन में बँधी ध्यान के उदग्र सोपान पर स्थित हो चुकी थीं—

इतना पावन, इतना सुरम्य यह परिवेश! एक प्रहर बीत चुका था। नवयोगिनी लोपा की साधना में कहीं कोई व्याघात नहीं था। चंपा वृक्ष की शाखाओं पर बैठे शुक, सारिका, पंडुकी, पिक शांत थे, जैसे बाल योगियों की टोली ध्यानमग्न बैठी हो!

अगस्त्य ने दबे पाँव उटज में प्रवेश किया था—पद-प्रक्षालन के लिए कांस्य घट लेकर लोपा समक्ष खड़ी थीं—

गृहस्वामी, आप आसन पर विराजें। मैंने आपके लिए उष्ण दूध और शर्करा तैयार की है।

शर्करा नहीं, थोड़ा सा हरिद्रा चूर्ण पाकशाला से ले आएँ···।

लोपा पहले से ही प्रस्तुत थीं··· ठीक, हरिद्राचूर्ण मैंने पहले ही घोल दिया है। शर्करा अपनी रुचि के अनुरूप लें, अतएव, अलग पात्र में···

उन्होंने सहधर्मिणी को सम्मानपूर्वक अपने पार्श्व में आसन प्रदान किया था—

विशाला माँ उचित कह रही थीं—आपमें एक सद्गृहिणी के समस्त गुण हैं। मेरी भ्रांति को आपने निर्मूल सिद्ध कर दिया। आप तो उसमें ऐसे रम गईं, मानो जन्म-जन्मांतर से मेरी कुटिया ही आपका रम्य भवन हो।

लोपा का मुख प्रणयनत था—श्वेत पद्म पर जैसे किसी ने कुंकुम बिखरा दिया हो!

अगस्त्य विस्मय विमुग्ध उस श्री मुख को निहारते रहे थे···।

तपोवन की सखियों सुवेशा और कोमला ने मुनि पत्नी का विलक्षण शृंगार किया था—लंबी वेणी में गुँथे हुए यूथिका के नन्हे पुष्प, नील अपराजिता से कंकण, किंकणी और नूपुरों के स्थानापन्न आभूषण। अपनी जड़ाऊ मणिमाला और अन्य आभूषणों की पेटिका वे माता श्री को दे आई थीं—

माते, ये आभूषण मेरे लिए पूरी तरह अनुपयोगी हैं। आप इन्हें सँभालें। मदनिका के विवाह में मेरी ओर से भेंट···

कोमला वय में छोटी थी और चुलबुली भी! उसका नेह छोह देखने योग्य था—भावज, आप साक्षात् इंद्राणी प्रतीत होती हैं, जरा इस दर्पण में अपना मुख तो देखें···।

लोपा ने अपनी माता से वनदेवियों के विषय में सुना था—

रेशमी वस्त्र, फूलों का सुरभित शृंगार, भुवनमोहिनी छवि से पूरी जगती को चमत्कृत करतीं, वनप्रांतर में उन्मुक्त विहार करती प्रकृति कन्याएँ···।

पद्मनाभ ने हठ किया था—गुरुदेव, आज तो मुझे अपने मन का करने दें और मेरी इच्छा है कि···

किंशकु, प्रगल्भ, अग्निवर्ण सभी नवयुवा साधिकार अपने प्रिय आचार्य को नदी तट पर ले गए थे। विशाला माँ चंदन की मालिका और नव-हरिद्रा का लेप लिये साथ थीं—अग, कैसे रूक्ष केश हो गए हैं तेरे···। और ये जटाजूट! अपनी इतनी उपेक्षा क्यों करता है वत्स··· ?

आ, पहले मैं तुम्हारे केश सुलझा दूँ। पदम्, तनिक वह घृत-पात्र देना।

माता, मेरे केश उलझे हैं, मुझे पीड़ा हो रही है।

तो इस पीड़ा को सह्य करो। आज के दिन मैं तुम्हें वर वेश में सज्जित देखना चाहती हूँ। आओ, इस पीठिका पर बैठो।

थोड़ी देर के लिए न जाने कहाँ से उमड़ते नील मेघखंड आश्रम के ऊपर सहसा घिर आए थे—दो-चार मोटी बूँदें और शीघ्र ही व्योम की नीलाभा पूर्ववत्।

शिवलोक उनके ध्यान चक्षुओं के समक्ष था। उनके आराध्य प्रसन्न थे। उनके जटाजूट से छिटकी गंगा की पवित्र बूँदों का शीतल संस्पर्श था यह मेघवर्षण···। उन्होंने बिना किसी प्रतिरोध के विशाला माँ के आगे अपने अस्त्र डाल दिए थे। सुचिक्कन मृत्तिका और चंदन जल से स्नान···। वक्ष पर, भुजाओं और ललाट पर श्वेत चंदन के अवलेप से सुंदर प्रसाधन··· !

पद्मराग, देखा पुत्र, तुम्हारे आचार्य का यह रूप कितना मनोरम प्रतीत हो रहा है! कहीं किसी की कुदृष्टि नहीं लगे। किंशुक, जा तो एक कसोरिका में श्याम, पीत सर्षप के दाने और पाँच मरीच ले आ। मेरे पुत्र को कोई दृष्टि दोष नहीं लगने पाए।

गैरिक उत्तरीय दाहिनी भुजा पर, स्कंध पर धारण करते अगस्त्य भावप्रवण हो उठे थे—माता, सभी मंत्र एक ओर, आपका आशीर्वाद एक ओर···। मुझे शक्ति दें कि गार्हस्थ्य जीवन और कर्म कौशल में तादात्म्य स्थापित कर सकूँ···।

विशाला माँ ने अपना अंचल उनके मस्तक पर रखा था—

तुम शिवभक्त हो। लक्ष्मीरूपा वधू हमारे आँगन में उतरी है। तुम्हें संपूर्ण जगत् का कल्याण करना है। पुत्र, तुम अपने हर कर्तव्य का उचित निर्वाह करोगे, मेरा पूर्ण विश्वास है।

विशाला स्वस्ति पाठ करती अपने उटज की ओर लौट आई थीं।

पद्मनाभ और किंशकु अगस्त्य के साथ उनके उटज के मुख्य द्वार तक आए थे। दोनों ने चरणधूलि ली थी।

गुरुदेव, हमें विदा दें···। विशाला माता पूरे आश्रम वासियों को मिष्टान्न खिलाने वाली हैं। श्यामा और कंडुला का दुग्ध पहुँचाना है। माता का सहयोग करने के लिए भगिनी कोमला, सुवेशा और सुवर्णा पहले ही प्रस्थान कर चुकी हैं।

आश्रम के कण-कण में मंगलगान गुंजायमान था। पक्षियों का कूजन स्वर सर्वाधिक मधुर प्रतीत हो रहा था। घृतदीपों की वर्तिका-दीप्ति सचेष्ट थी—लोपा, जन्म-जन्मांतर का सहचर शय्या के सन्निकट है, लज्जा का यह अवगुंठन कैसा ?

पूर्ण चंद्र कुटीर की मुँड़ेर पर तनिक ठिठका और मेघालिका का आवरण ओढ़ नीरव दूसरी दिशा की ओर मुड़ गया था।

एक मास भी नहीं बीता था—लोपा पूरे तपोवन की लाड़ली बन चुकी थीं। विशाला माँ की प्राण पुतलिका!

राजभवन में छप्पनभोग प्राप्त होते होंगे। इस कानन देश में अपनी विशाला माँ के हाथ की बनी पायस पर ही परितोष करना होगा। आ, पुत्री, इस पीठिका पर बैठ, और तुम भी पुत्र, यहाँ आसन ग्रहण करो। परस्पर मिष्टान्न खिलाने की परंपरा है। वर-वधू इस सुंदर रीति के निर्वाह के पश्चात् ही कोई अन्य कार्य करेंगे···।

लोपा आश्रम के कण-कण से सुपरिचित होने लगी थीं—

पति के उठने से पूर्व ही उठ जातीं। नदी तट पर सुवेशा और कोमला पहले से ही उनकी प्रतीक्षा में बैठी होतीं—

भ्रातृजाया लाइए, आपका कलश मैं लिये चलती हूँ।

कोमला ढेर सारे पारिजात पुष्प अंचल में समेटकर मधुर हठ करती—

देखिए तो कितने सारे पुष्प! मैंने इनका हार गूँथ रखा है। आह, क्या ही मधुर सुवास है!

तुम्हारे भ्राताश्री को किसी विशेष कार्यवश तपोवन से दूर जाना है, उनके लिए उबले हुए यव के दाने थोड़े से रसाल और हरित चणक तैयार रखने हैं।

अच्छा, सुनो चार-पाँच कदली फल तोड़कर ला सकोगी? विशाला माँ के उद्यान में सुंदर परिपक्व कदली फले हुए हैं।

हाँ-हाँ, क्यों नहीं?

वह बाल मृगी-सी बड़े-बड़े नयन नचाती कुलाँचे भरती दौड़ गई थी।

अगस्त्य पाकशाला का स्वरूप देखकर चमत्कृत थे—

आपको अन्नपूर्णा कहूँ तो अतिशयोक्ति नहीं होगी। गेरू खचित प्राचीरें, सयत्न धरे हुए काष्ठखंड, सुचिक्कन मृत्तिका से सँवारी गई चूल्लिका और आपने यव को लवण, श्यामजीरक से कृष्ण मरिच से संयुक्त किया है तो इस व्यंजन का आस्वाद कितना बढ़ गया है न!

अरे, ये हरित चणक भी··· ? ये कहाँ से मिले आपको?

विशाला माँ के पार्श्ववर्ती उद्यान के शाक हैं। वे चने को शीघ्रतापूर्वक आवरण से अलग करने की चेष्टा करने लगी थीं—थोड़ा और लीजिए न···!

हरे चने का व्यंजन बनाना कोई विशाला माँ से सीखें—

लोपे, मैं जब तक लौटूँ, आप माता से अनुरोध करेंगी, वे सभी प्रकार का शाक भलीभाँति पकाने में सुदक्ष हैं, या यूँ कहें कि उनकी पाकशाला ही उनके लिए प्रयोगशाला है। विशाला माँ हँसती हुई भोजन-कक्ष में आ गई थीं—

पुत्र, वधू के सामने मेरे कितने दोष गिना रहे थे, बताओ तो···

अरे नहीं माते, सच कहूँ तो मैं मन-ही-मन अनुमान लगा रहा था—

त्रिदोष लिये मेरी माता अब तक अवतरित क्यों नहीं हुई··· ?

देखा वधू, मेरे हाथों में जो कसोरिका है न, उसके बिना कभी इसका भोजन पूर्ण हुआ है! ले पुत्री, दुग्ध, शर्करा और थोड़ी सी एलि बस, यही इसका त्रिदोष है। इलायची के नन्हे दाने, खूब गाढ़ा दूध, चावल के कुछ दाने और शर्करा···। ऊपर से वात्सल्य का छिड़काव···।

शालपत्र के दोने में खीर उड़ेलती लोपामुद्रा और मुसकराते हुए मनाही करते अगस्त्य—माता के लिए और स्वयं के लिए कुछ बचाकर रखेंगी भी या···

माते, इन्हें संभवतः ज्ञात नहीं, मैं पूरा-पूरा उदधि उदरस्थ करने की क्षमता रखता हूँ। यदि यह पूरी पायस खा गया तो··· आप दोनों को कसोरिका में चिपके अवशिष्ट पर ही संतोष करना पड़ेगा।

निशा के अंतिम प्रहर की उस नवल नेह वार्त्ता का स्मरण करती लोपामुद्रा के कपोल अरुणिम हो उठे थे—

शुभे, आलस्य त्यागना होगा। कल एक सुदीर्घ यात्रा का कार्यक्रम पूर्व में ही सुनिश्चित कर लिया था।

और मैं··· ? मुझे छोड़कर आप··· ?

नहीं प्रिये, तुम्हें छोड़ना मेरे लिए कितना दुष्कर है, यह मैं ही जानता हूँ। सूर्यदेव से पूछो, क्या वे अपनी किरणों से कभी विलग हो सकते हैं? तुम्हारी वेणी में टँके पारिजात पुष्पों की यह दिव्य सुरभि अपने साथ लिये जाऊँगा। पूरा एक पक्ष लग जाएगा, कार्यसिद्धि के पश्चात् मुहूर्त भर के लिए मेरा वहाँ रुकना कठिन हो जाएगा।

पति की बलिष्ठ भुजाओं में अनंगवल्लरी सी सिमटी लोपा का रोम-रोम प्रार्थनामय था—

हे विघ्नहर्ता गणपति, जय हो माँ भवानी की···मेरे सौभाग्य की रक्षा तुम्हारे हाथों···

ऋषि के प्रस्थान के पश्चात् उटज का द्वार सयत्न बंद करती वे विशाला माँ के साथ पूरे गुरुकुल का परिभ्रमण करने के लिए निकल पड़ी थीं—

कोमला मार्गदर्शिका बनी हुई थी—भावज, यह हमारी गोशाला है और यह जो सुदीर्घ हरीतिमा युक्त क्षेत्र देख रही हैं न, यह हमारी गोचारण भूमि है।

इतना विशाल भू-भाग !

दो किशोर वय के गोपालक हाथ में छोटी लकुटियाँ लिये उनके समक्ष थे—

हमारा प्रणाम स्वीकार हो देवी! यह आरूणि है और यह शिरामणि··· !

दोनों ने परस्पर परिचय देते हुए संकोचवश मस्तक झुका लिया था।

इधर आओ वत्स, इतनी दूरी क्यों··· ?

कृष्णवर्ण के दोनों बालक उनके निकट आ गए थे—आपके माता-पिता··· ?

आरुणि वाग्विदग्ध था—

हम सुदूर दक्षिण के निवासी हैं माते, हमारे जनक-जननी, भ्राता, भगिनी—हमारा पूरा कुटुंब गोपालक है। कृषि हमारा कर्म है और वेद विद्या का अध्ययन हम दोनों भाइयों की अभिरुचि···। विंध्य पराजित हुआ, तभी मेरे जनक ने निर्णय लिया था—महर्षि के आश्रम में हमारी शिक्षा-दीक्षा होगी। मेरी जननी तो शत बार उपकृता थीं—

इतने बड़े योगी-यती, तनिक गुमान नहीं···।

कहने लगे—भगिनी, आपके दोनों बालकों को ब्रह्मज्ञानी बनाने का दायित्व मेरा··· !

उन्होंने मेरी जननी को अभय दिया था—मेरे गुरुकुल में आर्य-अनार्य का

कोई भेद नहीं, बुद्धि वैभव का सूचकांक शत प्रतिशत होना चाहिए। आपके ये पुत्र युग्म श्रेष्ठ गोपालक बनेंगे और वेद-वेदांग अध्येता भी!

अर्थात् दोनों ही विद्याओं में निष्णात्!

लेकिन वत्सद्वय, एक बात बताएँ—

शताधिक गौएँ हैं, इनकी सेवा में ही समस्त दिवस व्यतीत हो जाता होगा, फिर आप दोनों को वेदाध्ययन··· ?

शिरोमणि ने बड़ी गंभीरता के साथ समझाया था—

हम दोनों सांध्यकालीन कक्षाओं में बैठते हैं। गुरुमाते, हमारी जननी आपके विषय में बता रही थीं···

लोपा की प्रश्न भरी आँखें आरुणि के भोले मुख पर टिकी हुई थीं—

आपकी जननी से मैं कभी मिली नहीं, फिर वे किस प्रकार मुझे···

अब तो विंध्य अलंघ्य नहीं रह गया न!

हमारे गुरुदेव ने उसे सुलंघ्य बना दिया है। मेरी जननी शाक बेचने विदर्भ राज्य के ग्राम प्रांतर में आया करती है। वहीं उसे ज्ञात हुआ—आप नहीं होती तो उत्तर-दक्षिण कदापि एक नहीं हो पाते। हमारे महर्षि को प्रसन्न करके आपने उन्हें मनाया, अपने राज्यवासियों की दुहाई दी, तब कहीं पर्वत पराभूत हुआ। माते, इस प्रकार तो दोनों को हित साधन हुआ न···! हमारी जननी कहती हैं—गुरु के ऋण से कभी भी उऋण नहीं हुआ जा सकता। इसलिए पुत्र, अपने गुरुदेव की सेवा, अभ्यर्थना में कोई भी त्रुटि नहीं रहने पाए···।

और बालकों, आप दोनों को भोजनादि···

हम स्वयं पाती हैं गुरु माँ···। निकट के गाँवों में भिक्षाटन के लिए हमारी टोली ब्रह्ममुहूर्त के हवन-पूजन के पश्चात् एक प्रहर के लिए निकलती है। हमारा क्रम बँधा हुआ है—एक दिन आरुणि भोजन बनाता है, दूसरे दिन मैं···।

लोपा ने वात्सल्य भरी हथेली दोनों के मस्तक पर रखी थी—जब भी अवकाश मिले, मेरे पास आना···।

जी, अवश्य···।

वे उसी स्फूर्ति के साथ आगे बढ़ गई थीं—

कोमला, अब किधर चलना है? आपके पाँव थके तो नहीं···? अभी बहुत कुछ देखना बाकी है—

पांथशाला, औषधिगृह, भेषज निर्माणशाला, क्रीड़ांगन, पक्षी निकुंज, विद्या वाटिका, आयुधगृह, मल्लगृह, भंडारण गृह-पंचकोश तो ऐसे ही हो गए।

अच्छा, एक बात बताओ···, क्या तुम पूरे आश्रम की परिक्रमा एक बार में कर लेती हो···?

हाँ, कब, बताऊँ! जब विशाला माताजी मध्याह्न भोजन के पश्चात् तनिक विश्राम करती हैं न, उसी समय। भगिनी जब तक मुझे पकड़ पाएँ, मैं उन्हें पीछे छोड़ कृषिभूमि तक धावन कर जाती हूँ, तभी तो गुरुदेव ने मुझे आश्रम की सबसे तीव्र गतिवाली धाविका की उपाधि दी है। वे प्रतिश्रुत हैं। उन्होंने कहा है—वे मुझे उड्डयन विद्या सिखाएँगे।

लोपा ने हँसकर बालिका को अपने निकट खींच लिया था—

यह तो बड़ी अच्छी बात है। मैं भी तुम्हारें साथ यह विद्या सीखना चाहती हूँ।

अच्छा, तो अब हम वापस चलें···। माताजी के जागने का समय हो गया। तुम्हें भूख नहीं लगी कोमला?

लगी क्यों नहीं है? देखती नहीं, भास्कर का रथ तीव्रता से ढलान की ओर जा रहा है। आइए भावज, लौट चलें···।

विशाला माँ का मुख दोनों को देखते ही खिल उठा था—

वधू, कोमला ने तुम्हें बहुत दौड़ाया तो नहीं न···! इसके पाँवों में विधाता ने पंख बाँध दिए हैं। इसे साथ लेकर जाती हूँ तो मेरी श्वास गति विषम हो उठती है।

नहीं माताश्री, इस बालिका ने चतुराई के साथ पूरे आश्रम का अवलोकन कराया, मुझे असीम आनंद की अनुभूति हुई।

यह सब मेरे पुत्र, तुम्हारे पति के पुरुषार्थ का प्रतिफल है।

लोपा जानती थीं—

उनके पति हिमालय पर्वत पर औषधीय गुणों वाली वनस्पतियों के संधान तथा रोग-मुक्ति के लिए उपचारक तत्त्वों, लक्षणों आदि का वैचारिक निष्कर्ष प्राप्त करने महर्षियों की सभा में गए हैं। भरद्वाज ऋषि की अगुवाई में शारीरिक, मानसिक रोगों की उत्पत्ति के कारण और निदान पर चिंतन-मनन करते हुए प्राणिमात्र का हित साधन ही इस आर्ष सभा का लक्ष्य है।

उनके पिता ने राजवैद्यजी को बुलावा भेजा था। कोमला की वय की रही होंगी वे—

महावैद्यजी के श्रीचरणों में प्रणिपात किया था लोपा ने—

पुत्री, तुम्हें आयुर्विज्ञान की विद्या प्राप्त करनी है न, आचार्यवर तुम्हारी शंकाओं का समाधान करेंगे और तुम्हें आयुर्वेद का यथेचित ज्ञान प्रदान करेंगे।

अच्छी तरह स्मरण है—

अगले सप्ताह वे नन्हे शावक को अपनी गोद में उठाकर आचार्यश्री के कक्ष में पहुँच गई थीं—

यह श्वेताभ है गुरुदेव, तनिक देखें, इसके पैरों में व्रण है, रक्त भी निकल रहा है। आज इसने भोजन भी नहीं किया। दूर्वादल, रक्तफल, शाक किसी भी खाद्य को इसने मुख से छुआ भी नहीं।

महावैद्य का वार्धक्य स्नेह रस से सराबोर था—

ओहो, यह तो बुरा हुआ पुत्री···, लाओ तो इधर, दिखाओ जरा···।

ओहो, ऐसा प्रतीत होता है कि आपके शशक पंडित किसी कंटक कुंज में चले गए और इनके पाँवों में कंटक चुभ गए। ऐसा करें, सामने उद्यान में

शेवंति पुष्प खिले हैं न, उनके हरित पत्र ले आएँ। आपके प्रिय शशक का तुरंत उपचार हो जाएगा।

शेवंतिका की ढेर सारी पत्तियाँ! आचार्यवर ने उनको खरल में डालकर, थोड़ा जल मिलाकर एक गाढ़ा अवलेह तैयार किया था, कपास पट्टिका पर वह लेप रखकर उन्होंने शशक का उपचार किया था—

अब थोड़ा सा शाक ले आएँ।

अपने प्रवाल सरीखे अधर हिलाता बड़े इत्मीनान से शाक का आहार लेकर उद्यान की ओर भाग निकला था—

पुत्री, अब हम आगे का पाठ पढ़ें।

जी, आचार्य! कल आपने बताया था न—वायु, पित्त और कफ—तीन शरीर दोष और रज, तम—ये दोनों मन के दोष…। तो क्या मन के दोष भी मनुष्य की रूग्ण बना सकते हैं?

तुम्हारा प्रश्न सर्वथा उचित है।

हमारे महर्षियों ने मनन-चिंतन आदि के आधार पर निष्पत्ति दी है—

मन, शरीर, चेतना—ये तीनों तीन सम रेखाएँ हैं, तीनों के परस्पर संयोग से ही जगती की प्रतिष्ठा है। इनमें से एक भी विषम हो जाए या पृथक् हो जाए तो भेषजविद्या की शब्दावली में उसे ही रोग की उत्पत्ति का प्रयोजन माना जाता है। उदाहरण के लिए, पीड़ा का आधिक्य, भौतिक इच्छाओं का प्राबल्य, द्वेष, अधर्म आदि का जन्म मन के भीतर तमस भाव भरने वाला होता है। अनिद्रा, उच्चाटन, आलस्य, प्रमाद—ये सब मनोविकारों के ही लक्षण माने जाते हैं। और तदनुसार औषधियों का चयन, निर्धारण होता है।

लोपा की ग्रहण शक्ति निरूपम थी। पति के प्रवास पर जाने से पूर्व उन्होंने अनुगति ली थी—

स्वामी का आदेश हो तो क्या आपकी अनुपस्थिति में आपके द्वारा प्रतिपादित रसायन शास्त्र के पारायण की अनुमति है?

अगस्त्य क्षणभर मौन रह गए थे। उनकी उत्पत्ति थी—अनियत अरिष्टों पर रसायन विद्या द्वारा विजय प्राप्त की जा सकती है, किंतु नियत अरिष्टों पर नहीं···। लोपे, अभी अनिर्णय की स्थिति है। यह भी विचारणीय है कि मारक माने जाने वाले सभी प्रकार के अरिष्टों का प्रभाव विनष्ट किया जा सकता है, यदि उन रसायनों में संपूर्ण प्रभावक क्षमता हो···। अतएव, सर्वसाधारण के अरिष्ट को दूर करने के लिए हमें इस अनुसंधान को अंतिम निष्कर्ष तक ले जाना होगा और यह कार्य औषधिविज्ञान सभा से लौटकर आने के बाद ही पूर्ण हो सकेगा।

वैसे तो तुम बुद्धिमती हो, तुम्हारी तपोविद्या का प्रत्यक्ष अनुमान है मुझे··· तुम चाहो तो मेरे अध्ययन-कक्ष मे समय व्यतीत कर सकती हो, पूर्ण अधिकार है तुम्हें।

दूसरे दिन, लोपा ने विशाला माता से अनुज्ञा ली थी—माते, आपके पुत्र की अध्ययनशाला मेरा पथ जोह रही है। आप थोड़ी देर विश्राम करें, तब तक मैं···

हाँ पुत्री··· उसके ग्रंथों को तनिक रख-रखाव की, परिष्कार की आवश्यकता है। बड़ी अस्त-व्यस्त दिनचर्या है मेरे अग की···। कभी पूरी रात्रि उल्मूक जलाकर न जाने क्या-क्या लिखता रहता है। कभी पोथियों के अध्ययन में ऐसा तल्लीन हो जाता है कि भोजन की भी सुध नहीं रहती···।

लोपा ने वस्त्र-खंड लिया, कोने में रखी मार्जनी उठाई और अध्ययन-कक्ष में प्रवेश किया।

लेखन पीठिका, शीतलपाटी, तालपत्र, मसिपात्र—सबकुछ कितना व्यवस्थित···!

कहाँ, कुछ भी अस्त-व्यस्त नहीं! धूलि का एक कण भी नहीं। तालपृष्ठ सम आकार के, मसिपात्र यथास्थान रखे हुए।

लोपा, यही तो तुम्हारा अभिलषित था। ऐसा विद्याविभव और कहाँ

मिलता! सामने बिछी शीतलपाटी को नर्म छुअन। बताया था उन्होंने! वटुकों को विद्याभ्यास कराते, विश्रांत की अनुभूति करते, इसी शीतलपाटी पर दंडवत् लेट जाते। कतिपय घटिकाओं की शवासन मुद्रा और पुनः वही स्फूर्ति···।

वे उसी शीतलपाटी पर लेट गई थीं। अगरू, चंदन की मधुर सुगंधि ने उन्हें मोहाविष्ट कर लिया था। पौरुष की दिव्यता से भरी अगस्त्य की वह देह-गंध···।

अपने पिता का कथन स्मरण हो आया था उन्हें—

पुत्री, तपोवन का जीवन सहज नहीं होता। अनेक विषमताएँ, अभाव और पीड़ाएँ···। सुख, वैभव में पली हो तुम···। अनेक राजाओं के यहाँ से विवाह के प्रस्ताव आ रहे हैं—एक से बढ़कर एक शूरवीर···

लोपा का विनम्र अस्वीकार था—उदग्र पाषाण को धूलिकण में परिणत करने का असीम बल जिनमें है, उन्हें तज-कर किसी अन्य को देखने तक की इच्छा मेरे लिए पाप है। आपको स्मरण है न पिताश्री, राजज्योतिषी बाबा ने मेरी हस्तरेखाओं को देखकर क्या कहा था—

अतिविशिष्ट तपोधनी होगा इस कन्या का जीवनसंगी। महादेव का कृपा पात्र। त्रैलोक्य में, त्रिकाल में उसकी तपसिद्धियाँ मान-सम्मान प्राप्त करेंगी।

क्षण मात्र के लिए राजमाता के मुख पर चिंता के मेघखंड घिर आए थे—

पुत्री, तपोवन के दृश्य दूर से ही अच्छे लगते हैं। वहाँ की दैनंदिन जीवनचर्या इतनी सरल नहीं होती···। मायावी असुर, दुर्दांत दस्यु अवसर पाकर तपोवनों की व्यवस्था को छिन्न-भिन्न कर देते हैं। ऋषिकुल पर उनका पाशविक प्रहार सर्वविदित है।

जननी की मोहकातरता भरी बातें सुनकर लोपा ने उन्हें आश्वस्त करना चाहा था—

जिनके भुजबल से मायावी कंपित होते हैं, दस्यु पराभूत होते हैं, जिनकी

योगसिद्धि विश्वश्रुत हैं, जिनका विद्याबल अपार है, उनका पराक्रम किसी भी छत्र सिंहासनधारी क्षत्रप से कहीं बड़ा है, अतुलनीय है, माते, आप चिंता न करें। पिताश्री ने मुझे आत्मरक्षा की विद्या भी प्रदान की है। मुझे ज्ञात है, विंध्य जैसे पर्वत के समक्ष अपनी शारीरिक, मानसिक शक्ति का अद्‍भुत परिचय देनेवाले ऋषिवर ही मेरे प्राप्य हैं, इनसे इतर कोई नहीं।

कितनी देर तक निश्चेष्ट पड़ी रही थीं उस शीतलपाटी पर। मन के नेत्र उस लौकिक परिदृश्य का संदर्शन पाकर प्रफुल्लित थे—

हिमवान आतिथेय बना हुआ—ऋषियों का कैसा गरिमामय सम्मिलन! समस्त वनौषधियों, वनस्पतियों के गुण-दोषों का सम्यक् विवेचन···। मानसर के नीलोत्पलों की तरह उनके अति सुदीर्घ, सुंदर नेत्रों से प्रस्फुटित होती ज्ञानाभा—

हमारे इस चिंतन-मनन से भेषज विज्ञान की शाखाओं का विस्तार होगा, समस्त सृष्टि के प्राणिमात्र का कल्याण होगा।

किसी ने कुटीर के मुख्य द्वार से पुकार लगाई थी—

अरे, इस तल्प पर लेटी हुई वे किस भावलोक में परिभ्रमण करने लगी थीं!

वे द्रुतगति से मुख्य द्वार की ओर बढ़ी थीं—

सुकेशी उनके समक्ष थीं—भ्रातृजाया, वसंतोत्सव सन्निकट है। वटुकों को आपका दिशा-निर्देश अपेक्षित है। यदि असुविधा न हो तो सभाकक्ष में···

वे सत्वर प्रस्तुत थीं—

हाँ, चलें! किंतु माताजी···।

उनके पैरों में व्यथा है, वे अपने कक्ष में ही विश्राम करेंगी। आप सारी व्यवस्था सँभाल लेंगी, ऐसा उन्होंने विश्वासपूर्वक कहा है।

माघ मास, शुक्ल पक्ष, पंचमी तिथि—वाग्देवी सरस्वती का पूजन···।

औत्सुक्य से भरे वटुकगण सभाकक्ष में उनकी प्रतीक्षा कर रहे थे।

उन्होंने अपने स्थान पर उठकर प्रणिपात किया था—

भद्रे, आप हमारा दिशा-निर्देश करें।

उन्हें अपने मातुलपुत्र किंजल्क का स्मरण हो आया था—

भगिनी, यह गणित मेरी ज्ञान सीमा से परे है, अत्यंत दुर्बोध। अब आप ही दिशा-निर्देश करें।

उन्होंने संबोधन दिया था—

प्रिय अंतेवासियो,

आप सब इस महान् गुरुकुल में अहर्निश वाणी का ही समाराधन कर रहे हैं। आपके पूज्य गुरुदेव ने अपको बताया है न—

वाणी व्यक्त भी होती है, अव्यक्त भी। जिन शब्दों का प्रकट रूप से उच्चार किया जाता है, वे व्यक्त होते हैं, उनमें परस्पर अभिमत के आदान-प्रदान की शक्ति सन्निहित होती है, किंतु मुख से व्यक्त किए बिना भी मनोमय जगत् में अव्यक्त वाणी का गुंजार होता रहता है, इसलिए कहा गया है, अव्यक्त हृदय में विचारित वाणी की भी एक महिमा होती है। यदि उसमें दूषण आ जाए तो मन मलिन हो जाता है और वह विकार मुखमंडल की आभा को धूमिल कर देता है, इसलिए तो अव्यक्त वाणी की शुभ्रता भी उतनी ही अभीप्सित है, जितनी मुख द्वारा उच्चारित वाणी की शुद्धता, पावनता…।

आपके पूज्य गुरुदेव ने यथोचित संस्कारों का बीज-वपन किया है। आप स्वयं सक्षम हैं। अतएव, मनसा, वाचा, कर्मणा वाग्देवी का स्मरण करें, उनका सूक्ष्म आराधन-वंदन करें।

शांतिपूर्वक अभिवादन के साथ वह टोली अपने-अपने गंतव्य की ओर पंक्तिबद्ध बढ़ गई थी। किशोर वय वटुकों का अनुशासन और श्रद्धाभाव देखकर उनके नेत्रों में आनंदाश्रु छलक आए थे।

वे सुकेशी को साथ लेकर विशाला माँ के कुटीर की ओर बढ़ गई थीं।

अरे, यह क्या माते, यहाँ चूल्लिका के इतने निकट बैठी आप क्या कर रही हैं?

आज पैरों में सघन वेदना है पुत्री, सर्षप तेल गरम करने आई थी—

मैं आ ही रही थी। बालकों के कई प्रश्न थे, वे पहली बार मुझसे मिल रहे थे न! आइए, आप मेरा अवलंब लेकर कक्ष तक चलें, मैं तेल कसोरिका लिये आती हूँ।

देखना, बहुत गरम होगा।

आप चिंता न करें, मैं सँभाल लूँगी।

विशाला माँ के पैरों में सरसों का तेल मलती, पारिजात पत्रों को गरम कर उनकी पट्टिका बनाती लोपा सोच रही थी—

हमारे राजवैद्य इस रोग की बड़ी सहज औषधि बताया करते थे—घृत, दुग्ध, सोया, यवचूर्ण, मुलहठी, मधूक, बलामूल, पियाल, केसरू, सितापला, इन्हें मिश्रित कर घुटनों के वात में लेप किया जाए तो शीघ्र लाभ होता है···।

सुकेशी, भगिनी, एक कार्य करेंगी। दुग्ध, घृत मेरे पाक-कक्ष में है। शेष वस्तुएँ कहीं से प्राप्त हो सकें तो।

सुकेशी प्रसन्नवदना थी—

मैं भ्राता जीवक से कहूँगी—औषधागार में सभी वस्तुएँ उपलब्ध हो जाएँगी।

बहुत अच्छा, तो सुनें—यथाशीघ्र ये वस्तुएँ तीन दिनों के अवलेप योग्य लेती आएँगी। ये मुद्राएँ जीवक को दे देंगी। औषधियों का मूल्य अपने कोष में जमा कर लेंगे।

जीवक स्वयं औषधियों का मिश्रण लिये चले आए थे—

गुरु माते, यह औषधि बनाकर रखने का निर्देश दे गए थे गुरुवर, बड़ी

माताजी के स्वास्थ्य को देखते हुए ही।

विशाला माता आरोग्य का अनुभव करने लगी थीं—

औषधि के लेप का प्रभाव है अथवा तुम्हारे हाथों के संस्पर्श का, मेरी पीड़ा तो छूमंतर हो गई पुत्री···। अब मैं बड़ी सहजता से कृषि कार्य देख पाऊँगी। धान्य परिपक्व हो चुका है।

अगस्त्य लौटे, तब तक पूरे धान्य का भंडारण सुनिश्चित कर लेना होगा। क्षेत्र में थोड़ा अन्न छूटे, यह भी निर्देश देना होगा न, कितने पक्षी उसी अन्न पर आश्रित होते हैं।

मैं आपकी क्या सहायता करूँ?

कोई नहीं, इतना बड़ा कृषक परिवार है हमारा! तुम्हारे पति ने कृषि विद्या की वैज्ञानिक विधि से इस पूरे तपोवन क्षेत्र को स्वर्ण भूमि बना दिया है। गोमय, शाक का उच्छिष्ट अंश, वृक्षों के शुष्क पत्र, प्रत्येक वस्तु की उपादेयता अच्छी तरह समझता है अग···।

उसने तो कितना सुंदर काव्य भी रचा है। पुत्री, तूने पीत रेशम के आवेष्टन में सँजोकर धरा ग्रंथ खोलकर देखा नहीं न··· देखेगी तो विस्मय सुख से भर उठेगी। उसने मरुद्गणों के विषय में, इंद्र और अंतरिक्ष से पृथ्वी के समीप आकर मधुर अमृत धार बहाते मेघों के विषय में क्या सुंदर छंद रचे हैं! सारी जगती के कल्याणार्थ प्रतिपल प्रस्तुत रहता है मेरा पुत्र···।

अगस्त्य के विषय में तपोवन का बालवटुक श्यामल भी कुछ कहता तो लोपा के रोम-रोम में श्रवण उग आते।

माता, मौन क्यों हो गईं?

लो भला, ढेर सारे कार्य पड़े हैं। सांध्य प्रहर आते विलंब नहीं होता।

अध्ययन-कक्ष में बैठी लोपा को अपना अस्तित्व विस्मृत हो गया था।

माता ने कहा था न, उन्होंने छंद रचे हैं—निसर्ग के छंद, धरित्री को व्योम

से संयुक्त करने वाली ऋचाएँ···।

पीत रेशती वस्त्र खंड से आच्छादित ताल पत्र···!

मरुद्गण, नील मेघखंडों का जुटाव और धरती व्योम को एकसार करनेवाली वर्षा की अमृतधारा का अनिर्वचनीय सौंदर्य!

संपूर्ण सृष्टि विधाता के विराट् यज्ञ की तरह है। वायु के संसर्ग से व्योमपथ में उड्डयन करते मेघों की विज्ञान बुद्धि को आत्मसात् करने के लिए उच्चतम विचारों महत्तर परिकल्पना की आवश्यकता होती है। इंद्र की सामर्थ्य बनकर पर्जन्य का संचालन करनेवाले मरुद्गण में सूर्य, चंद्र की किरणों से जुड़े स्वर्ण, रजत आभा से दीप्त यह पूरा परिवेश मनुष्य के आत्मबल का विस्तार करनेवाला है। तभी तो उत्तम माया अर्थात् वैज्ञानिक प्रयोगों से सघन अरण्यों का परिष्कार करते हुए कृषि योग्य भूमि सुलभ होती है।

ऋषिवर आगे रचते हैं—

इन मरुतों के आयुध कभी प्रकट तो कभी परोक्ष होते हैं, वैसी ही, जैसे स्त्री जाति और वाणी···।

लोपा के चिंतन को एक नया आधार प्राप्त हुआ था—वाणी का मर्म तो समझ पाई। वाणी व्यक्त भी है, अव्यक्त भी। जो कुछ शब्दों या पदबंधों के द्वारा स्पष्ट किया जाता है, उसका बहुलांश चेतना के गह्वर में सिमटा रहता है। व्यक्त योग्य ही लोक के समक्ष आता है।

लेकिन स्त्री··· ? उसका प्रकट अथवा परोक्ष स्वरूप क्या हो सकता है ?

वे तर्कबुद्धि से परे थीं—

आने देती है ऋषिवर को, वे क्या विचार रखते हैं स्त्री जाति के लिए ?

उन्होंने पृष्ठ पलटा था—कितने सुंदर छंद—

कवि को वाणी किसी दिव्य प्रेरणा से प्राप्त होती है। शब्द और उनकी शाखाएँ-प्रतिशाखाएँ बुद्धिमान होती हैं तो वाणी की प्रेरणा से ही!

वाह! वर्षा का कितना सुंदर विश्लेषण! मरुद्गणों के वेग से ही मेघ वसुधा की ओर खिंचे चले आते हैं। मधुवर्षण करते हैं। वायु का स्वरुप कितना ओज भरा है! पर्वतों को निनादित करता हुआ जब मरुत् आगे बढ़ता है, तब प्रभंजन की दशा होती है। पर्वत, वृक्ष प्रकंपित होते हैं। नन्हे पादप भी! कृषि कार्यों में जुटे मनुष्यों के लिए तुम मधुवर्षण करते हो। मेघबाला विद्युत् लेखा को अपने नील रथ पर बिठाकर गायन-वादन करते इंद्र के संदेशवाहक आगे बढ़ते, धरती पर उतरते हैं। मनुष्य मात्र में कोई भी भिन्नता तुम नहीं मानते।

लोपा आत्मस्थ हो गई थीं—

यह सत्य है। उनके स्वामी ने मनुष्य-मनुष्य के बीच विभेद को सदैव अन्नय की संज्ञा दी है।

उस दिन पितृ गृह से विदा करा रथ में विराजे, तब कितनी सारी बातें बताते जा रहे थे मुझे विश्वस्त सहचरी माना, तभी तो⋯।

उनकी वाणी में मंदाकिनी की शीतलता थी। उनके सुंदर विचार सुनने के लिए वायु का संचार भी जैसे मद्धिम पड़ गया हो! अश्वों की गति सुख शैथिल्य भरी थी। नववधू लोपा वनदेवी के समक्ष प्रार्थना विनत थीं—

ऐसे अमृत बोल! शब्द रसायन का परिपाक उनके हृदय को कैसी अलौकिक शीतलता प्रदान कर रहा था—

आर्य, अनार्य का कोई भी विभेद क्यों? संस्कारों में कतिपय भिन्नताएँ अवश्यंभावी हैं। देशकाल, पर्यावरण, भोजन, परिधान—इन सबका प्रभाव मनुष्य के जीवन पर अनिवार्य रूप से पड़ता है।

भद्रे, तुमने इल्वल नामक असुर का नाम सुना है न⋯?

हाँ, वही पातकी न, जिसे आपने उदर⋯ हो-हो करते हँस पड़े थे वे⋯

किंवदंती पर तुमने विश्वास कर लिया? अब सुनो, सत्यकथा यह है—

इल्वल और वातापि ने अन्यायपूर्वक अपना साम्राज्य स्थापित किया था। हिंसा, अनाचार और पाप बुद्धि से साधु-संन्यासियों को अपना कोपभाजन

बनाना, संपत्ति लूटकर अपना कोष भरना और ऐश्वर्य के मद में डूबे रहना। जन सामान्य को इस पीड़ा से मुक्त करने के लिए मैंने उन्हें दंड दिया और जब वे दोनों बंधु पराजित, नतमस्तक हो मेरे समक्ष लाए गए, तब मैंने उन्हें वचनबद्ध किया—

तुम दोनों ने और तुम्हारी मायावी वाहिनी ने उपद्रव किया, ऋषि, मुनि कोई भी तुम्हारे अत्याचारों से बच नहीं पाया।

मैंने क्रोधवश उन्हें शास्ति दी थी। मेरा कोप सात्त्विक था लोपे…।

मैंने साधुजनों की भरी सभा में कहा था—यदि तुम दोनों में आचरणगत सुधार नहीं हुआ तो मैं अभी-का-अभी तुम्हें उदरस्थ कर लूँगा।

वे भयकंपित थे। अपनी प्राण-रक्षा के लिए उन्होंने मेरा वचन माना और मैंने धीरे-धीरे उन्हें शील-संस्कार की शिक्षा देना शुरू किया।

गोदावरी के तट का दक्षिणवर्ती क्षेत्र इल्वल ग्राम के नाम से जाना जाता है। वहाँ इन आसुरी वृत्तिवाले मनुष्यों का कायाकल्प हो गया है। ऋषि बोधगम्य वहाँ के कुलगुरु नियुक्त हुए हैं और उस ग्राम को कृषि तथा लौह कर्म के लिए यशस्विता प्राप्त हो रही है।

लोपा की विस्मित दृष्टि निष्पलक थी—दूर से आती हुई सूचनाएँ यदा-कदा कितनी भ्रामक हो जाती हैं!

मैंने उन दुष्टों के कुसंस्कारों का उपचार किया था। तुम्हीं बताओ, मैं एक ऋषि उनका देह-भक्षण किस प्रकार कर सकता था भला!

अगस्त्य की वह निर्मल हँसी…। आर्ये, अब तो तुम्हें मेरे कथन पर भरोसा हुआ न…! अपने अंचल के छोर से बँधे ऋषि के उत्तरीय को उन्होंने कसकर थाम लिया था।

स्वयं से अधिक आप पर आस्था है आर्य!

अगस्त्य लौट आए थे। उनके साथ एक बड़ी सी काष्ठपेटिका थी।

पद्मनाभ ने बताया था—ढेर सारी वनौषिधयाँ, रुद्राक्ष और भी बहुत कुछ···।

लोपा जल की कुंडिका लिये समक्ष थीं—किंचित् दुर्बल प्रतीत हो रही हैं। सब कुशल तो है न···?

सब मंगल है। दुर्बल तो आप प्रतीत हो रहे हैं। इतनी सुदीर्घ यात्रा, मार्ग में भोजन आदि की तो कुव्यवस्था ही रही होगी न···?

आइए, चरण धोने हैं।

मैं अकेला यात्री थोड़े ही न था। पद्मनाभ, बताओ अपनी गुरुमाता को···। ऋषियों का एक दल था हमारे साथ। जिस ग्राम में हमारा ठहराव होता, वहाँ के निवासियों का आतिथ्य देखते ही बनता था···। उत्तम फलाहार की व्यवस्था, शुद्ध दुग्ध की व्यवस्था। कमी थी तो आपके हाथों बनाए गए व्यंजनों की···। अच्छा बताएँ, आपकी पाकशाला में आज का वैशिष्ट्य क्या है?

पहले वस्त्र तो बदल लें···।

भोजन के उपरांत लोपा ने समस्त सूचनाएँ दी थीं—

धान्य कटकर खलिहान में आ चुका है। विशाला माँ की पीड़ा पहले से बहुत कम है। गोधन स्वस्थ है। दो गौओं—कपिला और श्यामा ने वत्साओं को जन्म दिया है। बसंतपंचमी का उत्सव भव्य रहा। आपकी अनुपस्थिति का सबने अनुभव किया। पारिजात पुष्पों से अपना उष्णीष रँगकर बालकों ने सुंदर नृत्य किया और बालिकाओं ने भी तो··· कोमला, सुकेशी और ऋतंवरा ने अपनी नृत्य पटुता से सबको विमुग्ध कर दिया।

किंतु इन बालिकाओं को नृत्य सिखाया किसने···?

हाथ में उष्ण दुग्ध पात्र लिये विशाला माँ सम्मुख थीं—

मेरी इस प्राणप्रिया वधूटी ने··· तू कितना सौभाग्यशाली है अग··· कहाँ तो आजीवन ब्रह्मचर्य व्रत का हठ ठाने बैठा था और कहाँ इतनी सुघड़ कन्या

तुम्हारे ही नहीं, पूरे तपोवन में मंगलविधान करने के लिए इस अरण्य में आ गई! इसके माता-पिता से मिलूँ, तब न आभार व्यक्त करूँ···! इस देव पुत्तलिका ने आश्रम के पशु-पक्षियों तक को अपने वश में कर लिया है।

रात्रि के निविड़ एकांत में भार्या को अपने प्रगाढ़ आलिंगन में भरते अगस्त्य विनोद की मुद्रा में थे—

माता ठीक ही कह रही थीं—एक बात बताएँ, यह वशीकरण मंत्र कहाँ से सीखा आपने··· ?

घृत वर्तिका मद्धिम हो गई थी। पति के दक्षिण भुजा को उपधान बनाकर सुख स्वप्नों की जगती में वे अपना अस्तित्व विसर्जित कर बैठी थीं।

दूसरे दिवस, आश्रम के कुछ वटुक शीघ्रता से अगस्त्य के द्वार पहुँचे थे—

गुरुदेव, एक बड़ा सा स्वर्णिम रथ है। राजसी वेशभूषा में दो अतिथि हमारे आश्रम के मुख्य द्वार की ओर प्रवेश कर रहे हैं। ऐसा प्रतीत होता है कहीं के महाराज और महारानी हैं। हम वन में काष्ठ लाने गए थे न, तब देखा।

अगस्त्य की स्नेह दृष्टि भार्या की ओर थी—तुम्हारे माता-पिता होंगे।

मैं माताश्री को सूचना भिजवाता हूँ···।

आप प्रस्तुत हो जाएँ···।

महाअमात्य, मदनिका, मलयध्वज और महारानी···। लोपा को अपनी बाँहों में समेटती महारानी के स्नेह अश्रु छलक आए थे।

हमारी स्मृति नहीं आती न···! कई दिनों से स्वप्न में तुम्हें देख रही थी पुत्री! तुम्हारे पिता से कहा तो इन्होंने तुरंत स्वीकार कर लिया। यह मदनिका तो पहले से ही प्रस्तुत थी—

मुझे अपने साथ ले चलें। मेरा मन सखी को देखने के लिए बावला हो रहा है।

अगस्त्य ने आदरपूर्वक नरेश से पृच्छा की थी—

कहें, आपके प्रदेश की सीमाएँ सुरक्षित तो हैं न··· विंध्य के दक्षिणवर्ती क्षेत्र में कृषकों, व्यवसायियों की गतिविधियाँ कैसी हैं?

जामाता के शील स्वभाव पर मुग्ध नरेश ने स्नेह वार्त्ता प्रारंभ की थी— आपने तो समस्त विघ्न दूर कर दिए प्रियवर···।

आपके आश्रम में दक्षिणात्य वटुकों को देखकर यही प्रतीत हुआ कि राष्ट्र की दो धाराओं का मिलन आपके माध्यम से ही संभव हुआ है। रही बात प्रदेश की, मेरी प्रजा पूर्ण सुरक्षित और सुखी है। उद्योग फल-फूल रहा है। दक्षिण वालों से हमारा पूर्ण मैत्री और सहयोग भाव है। यहाँ तक कि कतिपय वैवाहिक संबंध भी दृष्टिगत होने लगे हैं। यह महनीय कार्य आपके सिवा अन्य नहीं कर सकता था।

विशाला माँ और राजमाता के बीच बतकही शेष होने का नाम ही नहीं ले रही थी—

वही कहूँ, मेरी पुत्रवधू में सारे संस्कार अपनी जननी से आए हैं। इसे पाकर मैं पूर्णकाम हो गई महारानी···।

राजमाता ने उनके दोनों हाथ पकड़ लिये थे—महारानी मत कहें। आपसे छोटी हूँ। आप मेरी ज्येष्ठा हैं। मैं आपको भागिनी संबोधन देना चाहती हूँ।

अरे, यह भी कोई पूछने की बात है!

थोड़ी देर को प्रगाढ़ वार्त्ता के बाद विशाला माँ ने अनुमति ली थी—

पाकशाला की व्यवस्था देख लूँ, तब तक लोपा आपके पास रहेगी।

भगिनी, हमारी पुत्री का यह श्वसुर गृह है। हम यहाँ का अन्न-जल नहीं ग्रहण कर सकतीं। महामात्य वाले रथ में सारा प्रबंध है। आप चिंता न करें।

ऐसा नहीं हो सकता। आप हमारी अतिथि हैं। अग को यह कदापि मान्य नहीं होगा।

लोपा ने पति की ओर देखा था—अगस्त्य परिहास की भंगिमा में थे—

एक युक्ति निकालता हूँ। आपको, राजन को भोजन तो हमारी कुटिया में ही करना होगा। हाँ, भोजन की थाली के अनुपात में मूल्य चुका दें तो आपको पुत्री-गृह में भोजन करने का दोष नहीं लगेगा।

सब हँस पड़े थे।

विशाला माँ प्रसन्न मुद्रा में कक्ष से बाहर निकल गई थीं।

एकांत पाकर महारानी ने वल्कल धारिणी पुत्री को अपने वक्ष से लगा लिया था—

तुम सुखी तो हो न पुत्री··· ?

मदनिका लोपा के अत्यंत सन्निकट बैठी सूक्ष्मता से उसे परख रही थी—

राजमाते, सखी के वस्त्रों पर मत जाएँ··· इसके मुख की तेजोमयता पर ध्यान दें···। प्रभातकालीन सूर्य की रश्मियों सी ज्योति लोपा की आँखों में है। इसी से परिलक्षित होता है कि भगिनी पति ने हमारी सखी को पूरी तरह अपने वश में कर लिया है।

जाते-जाते अगस्त्य पलट आए थे—मदनिके, भगिनी, आपको संभवतः ज्ञात नहीं है। वशीभूत तो यह रमता योगी हो चुका है। वशीकरण विद्या आपकी सखी जानती हैं। वैसे भी मैं यती ठहरा, मेरे भीतर ऐसा कोई भौतिक आकर्षण कहाँ जो···

अब मदनिका मौन कहाँ बैठने वाली थी—

भ्राताश्री, आप ऐसा न कहें, विदर्भ में आते ही आपने न जाने कौन सा मंत्र-शर मेरी सखी पर संधानित किया था—

विवाह होगा तो इसी ऋषि से, अन्यथा··· अब कहें वशीकरण किसे आता है ?

अगस्त्य ने हँसते हुए विनोद-प्रसंग पूरा किया था—

लोपे, कल दिवस काल में अपनी इस सखी को कुछ ऋषिकुमारों से मिलवा दें। क्यों न इनका भी स्वयंवर यहीं···।

राजमाता पूर्ण परितुष्ट थीं—गौरा-मेरी पुत्री को कोई भी अभाव नहीं है। शिव की कृपा से वह आनंदित है, पूर्ण सुखी! मैं आश्वस्त हूँ।

विदा लेते समय उन्होंने विशाला भगिनी का चरण-वंदन किया था—

आपकी मातृच्छाया में लोपा का जीवन धन्य हुआ है। आप मेरी अग्रजा हैं। इसे ऐसी ही प्रीति देने की कृपा करेंगी।

महामात्य ने स्मरण दिलाया था—

राजपुत्री के पितृगृह से कतिपय उपहार तपोवनवासियों के लिए।

नरेश ने जामाता की ओर देखा था—राजउद्यान के कुछ मधुर फल हैं, यह तो एक शिष्टाचार भेंट है। कृपया मना नहीं करेंगे।

मदिनका ने ऋषि से वचन लिया था—भ्राताश्री, मेरी सखी को लेकर शीघ्र ही हमारा आतिथ्य स्वीकार करना होगा। कहें, मान्य है न··· ?

अगस्त्य ने मुसकराते हुए सबका अभिवादन स्वीकार किया था।

लोपा के नेत्रों में ममत्व की आर्द्रता थी—आपकी माता आश्वस्त होकर गईं न··· आपने उन्हें अच्छी तरह समझा-बुझा तो दिया न··· !

अच्छा, मन मलिन न करें। भगिनी मदनिका का निमंत्रण हम शीघ्र ही स्वीकार करेंगे··· मुझे दक्षिण देश में वहाँ के लोगों के आग्रह पर गुरुकुल की एक शाखा खोलनी है। इसी क्रम में आपके माता-पिता का आतिथ्य···

निमिष मात्र में लोपा नन्हीं बालिका की तरह प्रमुदित हो उठी थीं—

हाँ, हम विशाला माँ को भी अपने साथ ले चलेंगे।

अगले दिन, अगस्त्य ने भार्या को निकट बुलाया था—

मेरे मस्तिष्क में कतिपय जीवाणु हैं, जो मुझे एक लक्ष्य से दूसरे लक्ष्य

की ओर भ्रमित करते रहते हैं। मैं आपको कुछ बताना चाहता हूँ।

लोपा के हृदय में आशंका जगी थी—

लंबे प्रवास पर जाने वाला नहीं। सोचता हूँ, अन्न ही मानव जीवन की धुरी है। कृषि संपदा बढ़ेगी, तभी तो आश्रम में रहने वाले और निकटस्थ ग्रामवासियों का जीवन सुखमय होगा। अतएव, मुझे अपने तपोवन की कृषि भूमि का विस्तार करना होगा। पावस काल समक्ष है। वर्षा की प्रथम बूँदें धरती पर गिरें, इसके पूर्व हमें भू-कर्षण की तैयारी कर लेनी होगी।

किंतु आपकी शिष्यमंडली इस कार्य में सुदक्ष है और तैयारियाँ प्रारंभ कर दी गई हैं।

मैं एक नए भूखंड की बात कर रहा हूँ। लोपे, तपोवन के दक्षिणी भाग का जो शिलाखंडों वाला विशाल क्षेत्र है, उसे कृषि के अनुकूल बनाया जा सकता है।

उसके लिए तो अनथक श्रम···

बिना श्रम के विजय कहाँ? आपको मेरे बाहुबल पर भरोसा है न···!

अवश्य···।

उचित, तो कल की शुभ तिथि तय रही। मैं कृषक अगस्त्य और मेरी लोपामुद्रा कृषक वधू···। आप मेरा मध्याह्न भोजन लेकर आएँगी···। दो कार्य एक साथ संपन्न हो जाएँगे। आपका मुख देखकर मेरा बल द्विगुणित होगा और मेरी जठराग्नि भी तुष्ट होगी।

अच्छा आर्य, कृषक वधू लोपा का अभिवादन स्वीकार करें। आप स्नान करके शीघ्र उपासना-कक्ष में पहुँचें। मैंने प्रत्येक वस्तु सहेजकर रख दी है।

अल्पाहार के पश्चात् अगस्त्य ने सभी कृषि यंत्र सहेजे थे—

पद्म, कुशल, विल्व, अरुण, आप सब मेरी सहायता करें।

कुदाल, परशु, मुग्दर, रज्जु सभी सामग्री साथ लेकर एक नए अभियान

की ओर प्रस्थान किया था ऋषि ने…।

भ्राता वसिष्ठ का कथन स्मरण हो आया था उन्हें—

कोई बड़ा कार्य सिद्ध करना हो तो सर्वप्रथम अपने 'मैं' को विलीन करना होता है। कोई भी अंहभाव नहीं, कोई भी कार्य हेय अथवा दुष्कर नहीं। सोते-जागते प्रत्येक मुहूर्त में कर्म का अभ्यास ही संकल्प को सिद्धि देता है।

वे चौगुने उत्साह के साथ शिलाखंडों को तोड़ने में जुट गए थे।

मास व्यतीत हुआ था, धरती समतल हो गई थी। शिलाखंड अनुर्वर भूमि की ओर धकेल दिए गए थे। अब वे एक प्रस्तर प्राचीर का आकार ले चुके थे, इतने दुर्भेद्य हो चुके थे कि निकटवर्ती वन का कोई भी हिंस्र पशु उस ऊँचाई को पार नहीं कर सकता था।

उस दिन महाद्रुम की छाया में बैठे वे अपने शिष्यों को संबोधित कर रहे थे—

स्मरण रहे, उन दिनों मैं पर्वत गह्वर में तपोव्रती था। गुफा से पुष्कारिणी, यह मेरी प्रतिदिन की यात्रा का क्रम था। पृथ्वी का संतुलन सम करने के लिए एक विशिष्ट योगाभ्यास की आवश्यकता थी। मेरे परम संपूज्य शिव का आदेश था। अनेक ऋषिप्रवरों का सत्संग-लाभ मुझे प्राप्त था। मुझे मित्रवारुणी नाम से अभिहित किया जाना था। तब की बात है, गुफा द्वार पर अर्द्धरात्रि में किसी आहत पशु की आर्तध्वनि सुनकर मैंने शिलापट्ट हटा दिया था—

वह एक व्याघ्र था, उसके पंजर में शर चुभा हुआ। मैंने शीघ्र उसे गुफा में ले लिया था। शर को निकालते समय रक्त की वह अविरल धारा और मेष की तरह उसकी आँखों का करूण भाव। मैंने अनुभव किया—मनुष्य हो या पशु-पीड़ा का समान बोध सबको होता है और यदि कोई हिंस्र पशु, जब तक वह किसी निरपराध को मारता नहीं, उसे जीने का अधिकार मिलना चाहिए।

अल्पवय कुशाग्र आगे की कथा जानने के लिए औत्सुक्य से भरा था—

पुनः किम ? उसके बाद क्या हुआ गुरुदेव ! तत्पश्चात् वह पूरी रात्रि मेरी

कंदरा में रहा। मैंने औषधि लगाई थी। उसका स्राव रुक गया था। दूसरे दिन मैंने यव मिश्रित दूध दिया और आज्ञाकारी बालक की तरह उसने बड़े कसोरे का दुग्ध पी लिया।

उसके बाद··· ?

उसके बाद वह मेरा पालित हो गया था वत्स···। लेकिन ऐसा किस प्रकार संभव हुआ? स्नेह रज्जु में बँध गया था वह व्याघ्र। प्रेम और करुणा से बड़ा कोई मंत्र नहीं होता न···। इस कथा का मर्म समझ में आ गया कुश··· ?

कुशाग्र ने बड़े भोलेपन के साथ मस्तक हिलाया था।

अगस्त्य ने परिलक्षित किया था—कोई दूसरी बयार बालक के मन में बहने लगी थी—कुशाग्र, किस प्रश्न ने तुम्हें विकल किया है पुत्र··· ? मैं बताऊँ गुरुदेव··· ?

गोपालक को आज्ञा मिली थी—कुशाग्र चिंतन कर रहा है, काश, वह भी किसी व्याघ्र या भल्लूक को आश्रम में पालता, साथ खेलता, अमोद-प्रमोद करता!

नहीं गुरुदेव, कदापि नहीं, कल रात शिष्य कुटीर के पीछे लोमश या श्रृगाल का स्वर सुनाई पड़ा था, तब तो कुशाग्र इतना भयभीत हुआ था कि···

उद्दालक ने महामृत्युंजय का सस्वर जप किया था, भ्राता पद्मनाभ ने इसे अपने पार्श्व में सुलाया था, तब जाकर···

अगस्त्य गंभीर हो गए थे—अपनी ओर से कभी किसी जीव को हिंसा का प्रयोजन मत बनने दो···तथापि आत्मरक्षा के लिए सदैव सचेष्ट रहो।

नवीन कृषि क्षेत्र का शुभारंभ हुआ था। कुछ भाग शाक आदि के लिए और शेष बड़े भू-भाग में, चणक, मकोय, ज्वार, सर्षप के बीज डाले गए थे।

लोपा को चने बेहद प्रिय थे, यह अन्न हरित हो अथवा शुष्क··· अपने सभी रूपों में आस्वादक होता है। अलसी के नील वर्ण पुष्प बड़े सुहावने लगते हैं, मकोय अपने दंड खड़ा कर सुंदर आकार लेने लगता है, तब उसके

दीर्घ हरित पत्रों के भीतर से अन्न के दानों की मंजूषा दृष्टिगत होती है—परत-दर-परत हरीतिमा और भीतर के दंड पर सजी श्वेत मुक्ता पंक्ति…।

ऋषि ने अपनी भार्या की प्रत्येक रुचि को विशेष ध्यान रखा था। लोपा की अभिरुचि के खाद्यान्न, शाक, फल-फूल सबकुछ…

उनकी अनुपस्थिति में सुतीक्ष्ण गुरुपद सँभाला करते थे। कहने को तो पद्मनाभ अगस्त्य ऋषि के पट्टशिष्य थे, तब भी उनका संकोची स्वभाव अनेक बार उन्हें मौन बना दिया करता था।

उस दिन ऋषि अपने कुटीर में थे—सुतीक्ष्ण, पावस के मेघखंडों की तरह कुछ छंद मेरी चेतना के व्योम पर आच्छादित कर रहा है। शब्दों के बीजवपन की भी एक अवधि होती है। मैं जब तक अपने ध्यान-कक्ष से बाहर न आऊँ, तपोवन का समस्त भार आप पर रहेगा।

सुतीक्ष्ण ने विद्यारंभ का दाय लिया था—

चेतना की धरित्री पर सद्विचारों के बीज डाले जाएँ तो ही पुण्यफल की प्राप्ति होती है। हृदय का भी धर्म होता है, शरीर धर्म की तरह। मनुष्य को युद्धकामी नहीं होना चाहिए। मानव कल्याण का मधुरस उसकी अंतश्चेतना में स्रवित होता रहे, तभी मनुष्यता का तात्पर्य सिद्ध होता है।

पद्मनाभ ने बड़े भ्राता समान सुतीक्ष्ण के आगे अपनी शंका रखी थी—

गुरुभाई, मेरे हृदय में एक द्वंद्व है। सत्य है कि हमारे तपोवन में कोई भी असत्यवादी नहीं ठहर सकता। लेकिन मन में कोई शंका मस्तक उठाने लगे, यह भी तो उचित नहीं न…

पद्म, क्यों प्रहेलिका रच रहे हो ? स्पष्ट कहो, तुम्हारे मनोद्वंद्व का कारण क्या है ?

मैं अल्पवय का था। गुरुदेव सुदूर यात्रा पर जाने वाले थे। उन्होंने समस्त शिष्यमंडली को एकत्र किया था—

मैं समुद्र तट पर जा रहा हूँ। एक विशेष प्रयोजन है। कितनी अवधि

लगेगी, यह भी ज्ञात नहीं, लेकिन कार्य अति विशिष्ट है। वह प्रयोजन तो उनके तपोवन लौटने के बाद ज्ञात हुआ था। लेकिन भ्राताश्री, आप कृपा करके यह बताएँ कि समुद्र का शोषण हुआ तो किसा प्रकार··· ?

सुतीक्ष्ण को ज्ञात था।

सागर तल दैत्यों की आश्रयणी बन गया था। महाअसुर वृत्र के वध के पश्चात् प्राण भय से उन्होंने यही सुरक्षित मार्ग चुना था। इंद्र अग्निरूपा ऋषि अगस्त्य पर पूरी आस्था रखते थे। उन्हें ज्ञात था कि प्रचंड तप के बल पर वे सामुद्रिक जल का प्रत्यावर्तन कर सकते थे। ऋषिवर से प्राणिमात्र के कल्याण की बात कही गई और वे तत्पर हो गए···।

उन्होंने अपने भ्राता वसिष्ठ से भी परामर्श लिया था—इतने बड़े दाह की शक्ति मंत्र-बल से आ सकती है, लेकिन शरीर सामर्थ्य की भी तो एक सीमा हुआ करती है न··· !

ऐसा न हो कि···

वसिष्ठ भ्राता के साथ थे—

वायु को नियंत्रित करने की शक्ति मुझमें है। मैं प्रतिक्षण तुम्हारा सहयोगी रहूँगा।

पद्मनाभ, वह विराट् संदृश्य देखने, सहन करने की सामर्थ्य किसी में भी नहीं था। समुद्र तट दूर-दूर तक रिक्त था। गुरुदेव ने अपनी समस्त यौगिक शक्तियों के साथ अग्नि-आवाहन किया था—

प्रचंड अग्नि···! सामुद्रिक तरंगों को आच्छादित करने वाली ताप तरंगें···। उन तप्त ऊर्जा तरंगों की वल्गा ऋषिवर के हाथों में! धीरे-धीरे जलधि जल-शून्य होने लगा था। अभिमानी का अभिमान नष्ट हुआ और दैत्यों का दुर्दांत बल क्षरित हुआ था।

समुद्र का अज्ञान गुरुदेव ने दूर किया था—

आप बड़े हैं, आपका हृदय विशाल है, इसका अर्थ यह नहीं कि सृष्टि के

विनाशक तत्त्व आपका आश्रय लेकर सुरक्षित रहें। स्मरण रहे, पृथ्वीवासियों को प्रताड़ित करने का आपका कोई अधिकार नहीं···।

असुरों का एकांत समर्पण हमारे गुरुदेव का लक्ष्य था और उनमें मानवीय गुण जगाने के लिए ही दक्षिणात्य भूखंड देकर उनके परिसंस्कार का सफल प्रयास हमारे आर्यश्री ने किया।

पद्मनाभ के नेत्र खुले-के-खुले रह गए थे—

कितने सहज, अकूत ममत्व से भरे, कितने निरभिमानी हमारे गुरुदेव···! उनके द्वारा रचे गए मंत्रों में विलक्षण विज्ञानशक्ति सन्निहित है न भ्राताश्री···! सत्य, हम सब सौभाग्यशाली हैं।

बहुभाषाविद् थे ऋषि अगस्त्य! ग्राम प्रांतरों में बोली जानेवाली, दक्षिण के अनेक भू-क्षेत्रों में व्यवहृत भाषाओं की शिराओं को टटोलकर देखा था उन्होंने। प्रायः वार्त्तालाप के क्रम में कहा करते—देवभाषा ही समस्त भाषाओं का मूल है। ग्राम-ग्राम घूमने पर ज्ञात होता है कि संस्कृत के शब्दों, पदबंधों को ही थोड़े बहुत परिवर्तन के साथ लोकमानस ने स्वीकार किया है। भौगोलिक परिवेश एक बड़ा प्रयोजन बनता है।

लोपा प्रतीक्षामग्न, पुलक जड़ित है। ध्यान-कक्ष का पट बंद है। एक नव सृजन, नव संकल्प, सहस्रार से फूटती अजस्र वाक्-धारा! नहीं, कोई व्याघात नहीं···। अंध तमस को विनष्ट करते हुए शाश्वत सुख की उपलब्धि के आरोही बने उनके पति···!

ऋषिकुल होता-बनता है। प्रश्न यह उठता है कि हविर्भाग किसे मिलना चाहिए—समस्त देवों को और मरुत को भी तो! इंद्र वर्षा के नियामक हैं, तो मरुत मेघों के लिए सर्वोत्तम संसाधन भी तो हैं न! शक्तियाँ भिन्न-भिन्न हैं, किंतु कर्मयोग में एकत्व है, समभाव है। पृथ्वी रसा तभी बनेगी, जब उसे अभिषिक्त करनेवाला जल-भंडारण उपलब्ध हो और इस अक्षय जलकोष का स्वामी इंद्र है। इसलिए कोई विवाद नहीं, वैमनस्य नहीं! राष्ट्र की शक्तियों को

विराट् बनाना है, धरती को उर्वरा रखना है तो सभी विरोधी शक्तियों को संवाद सेतु के रूप में स्वीकार करना होगा।

ऋषि की लेखनी तन्मयता से त्रिष्टुप छंद का आवाहन कर रही है—

वाक् गौस्वरूपा है, वह आकाश और पृथ्वी को परस्पर जोड़ती, शक्ति का संचार करती है।

सूर्य होता है, अपने मार्ग में दिखाई पड़ने वाले नक्षत्रों के मध्य रहता है। उसकी किरणों के ताप से ही धरती अन्न उपजाती है, उसे पुष्ट और परिपक्व करती है।

शब्द रसवर्णन करते हुए आगे की ओर बढ़ रहे हैं।

मनुष्य के समस्त मनोरथों को पूर्ण करनेवाले ईश्वर की शक्ति अपार है। वे दुराचारियों, हिंस्र लोगों को, मिथ्यावादियों को दंडित करते, पीड़ित करते, तत्पश्चात् शुद्ध करते हैं। उन ईश्वर से ही निवेदन है कि यज्ञ–याग की महिमा को नहीं मानने वाले मनुष्यों को वे दंडित करें।

लोपा ने साध्य–वंदन की औपचारिकताएँ पूरी कर ली थीं। अश्वत्थ के मूल में जल का सिंचन, मृदुल मृत्तिका का लेप, स्वस्ति चिह्नों का अंकन और दीपदान। तुलसी तल पर सुंदर चित्रकारी, सिंदूरदान और घृत दीपक के साथ–साथ चंदन धूम की वर्तिका।

लोपे, थोड़ी क्षुधा जगी है। कुछ है आपकी पाकशाला में… ?

क्यों नहीं? उष्ण दूध, आज नहीं। विशाला माँ ने नवनीत भेजा है। आपको बहुत प्रिय है न, इसके साथ यह लप्सिका भी। यवचूर्ण को घृत के साथ मिलाकर, थोड़ा दूध शर्करा डालकर मैंने इसे बनाया है। आप ग्रहण करें और बताएँ, इसका आस्वाद कैसा है?

आपने अपने लिए बचाकर रखा है न… !

पर्याप्त है आर्य…। विशाला माँ ने थोड़ा सा लिया और खूब प्रशंसा की।

ऋषि प्रसन्नचित्त थे—आपके हाथों के स्पर्श से इस लप्सिका का आस्वाद द्विगुणित हो गया है। मैं तृप्त हुआ।

लोपे, मैं गौशाला जा रहा हूँ। आप चलेंगी? वे शीघ्र प्रस्तुत हो गई थीं—

अवश्य!

वहाँ उन दोनों बालकों से भेंट होगी न··· ?

कौन, गोपालक और उद्दालक···।

आर्य, ये दोनों बालक बड़े सुकुमार हैं। इनसे वार्त्ता करना बहुत अच्छा लगता है।

आप जानती हैं, ये बालक कहाँ से आए हैं? आपके पितृ गृह से···। इनकी माता निरक्षरा हैं, इनके पिता नहीं हैं। इन दोनों बालकों की सेवा, निष्ठा और बौद्धिकता अतुल्य है।

मैं मिल चुकी हूँ आर्य, दोनों बालकों में अनुपम व्यवहार बुद्धि भी है।

गौशाला के द्वार पर गोपालक अकेला नतमुख बैठा था—क्या बात है वत्स, मुख मुरझाया हुआ क्यों है? बालक की आँखों में अश्रु थे—

अनुज ज्वरग्रस्त हो गया है। उसको शिरोव्यथा भी है। गुरुमाते, वह ठीक तो हो जाएगा न?

अवश्य पुत्र, चलो, हमारे साथ चिकित्सा कक्ष में चलो···।

उद्दालक को तीव्र ज्वर था। जीवक औषधि दे रहे थे, पर कोई विशेष प्रभाव नहीं पड़ा था। ऋषि ने आगे बढ़कर उसकी नाड़ी पर अपनी उँगलियाँ रखी थीं। नाड़ी विशेषज्ञ थे वे—और कुछ नहीं, वात का प्रकोप है। आहार संबंधी दोष के कारण वात कुपित हो गया है। कल संध्या वेला तुमने दधि का सेवन किया था पुत्र··· ? तत्पश्चात् पुष्करिणी में स्नान किया था। क्यों··· ?

उद्दालक ने लज्जित भाव से स्वीकार किया था—

मध्याह्न भोजन में तक्र लेना भूल गया था। पुनः भ्राता ने स्मरण दिलाया तो छाछ का पूरा कटोरा···

अगस्त्य हँस पड़े थे—तो कुबेला में छाछ पीने का दंड आपकी देह ने आपको दे दिया। अच्छा, कोई बात नहीं···। आपका ज्वर भी दूर हो जाएगा और आपकी शिरोवेदना भी!

जीवक, श्वेत अपराजिता का मूल है न···आप उसे पीसकर उद्दालक के ललाट पर लेप लगा दें। शिरोवेदना तुरंत चली जाएगी। ज्वर के लिए पुनर्नवा, गुडुची, सैंधव लवण का कपित्थ पिला देना ही श्रेयस्कर होगा।

उद्दालक उठ बैठा था—गुरुदेव, काढ़ा नहीं, कपित्थ नहीं···। देखिए, आपका स्पर्श पाते ही मेरी शिरोवेदना दूर हो गई न···। अब ज्वर भी उतर ही जाएगा।

बालक के कपोल पर हल्की सी थपकी देकर मुसकराते हुए कुलगुरु बाहर निकल आए थे।

गोपालक, उद्दालक, सुकेशी, कोमला को देखतीं तो उनके हृदय में एक मधुर अभिलाषा जाग उठती—

उनकी कोख से ऐसी ही तेजस्विनी संतान···मदनिका ने जाते-जाते उनके कानों में मधुर मंत्र-स्वर भर दिया था—

सखी, योगी यती से विवाह किया है, इसका अर्थ यह नहीं कि···

राजमाता ने वह गूढ़ संकेत भाँप लिया था—पुत्री, अगली बार आऊँ तो तुम्हारी गोद भरी होनी चाहिए···। शिशु की किलकारी ही घर-आँगन की शोभा हुआ करती है।

लोपा ने लज्जा भाव से पति की ओर निहारा था—वह गोपन-कथा अगस्त्य समझ गए थे। मदनिका का प्रस्ताव उचित है। मैं निरंतर प्रवास पर रहता हूँ। अपने कुटज में लोपा अकेली! उन्हें विशाला माँ का आशीर्वाद स्मरण हो आया था—

पुत्री, तुम्हारे अंचल में श्वेत पद्म खिले, तुम्हारी कोख फले-फूले···।

शयन-कक्ष का घृतदीप एक नई आभा से युक्त था। वह सुख-शय्या अनुपम थी।

लोपा के खुले हुए सुचिक्कन केश! ऋषि के वक्ष पर मस्तक धर अतुलनीय आनंद-रस में भीगती वह मौन हो सुन रही थी—

लोपे, मैंने राजमाता और मदनिका के संवाद का मर्म जान लिया था। मैं आपके हृदय की बात जानना चाहता हूँ।

□

बताएँ, क्या आप भी··· ?

कक्ष में केसर क्यारी फूल उठी थी। श्वास गति में कैसा अपूर्व आलोड़न! पति की बलिष्ठ भुजाओं में सिमटी लोपा और दसों दिशाओं से उमड़ती मंत्र-ध्वनि एवमस्तु··· !

ऋषि अगस्त्य की विज्ञान कल्पना में एक नवीन सत्य आकार लेने लगा था—

उसे वैज्ञानिक बनाऊँगा। सृष्टि के समस्त रहस्यों का समुचित ज्ञान, अंतरिक्ष के ग्रह-नक्षत्रों के साथ उसका मैत्री भाव, विद्या के ऐश्वर्य से भरी-पूरी होगी वह हमारी संतान··· !

विशाला माँ ने स्वप्न देखा था—यज्ञ वेदिका में खिला हुआ श्वेत पद्म··· ! मंद गति से बहती वायु का मंगल गान। सामने वाले रसाल वृक्ष पर एक साथ बैठे शुक-सारिका का स्नेह संवाद और शिशु का अतिशय प्रिय रुदन···।

लोपा चरण-स्पर्श के लिए निहुरी तो माता ने स्नेहपूर्वक उन्हें अपने सन्निकट बिठा लिया था—पुत्री, तनिक तुम्हारा मुख देखूँ··· ?

दाहिनी हथेली से चिबुक धरती, बाईं बाहँ से वधू को आवेष्टित करती विशाला माँ के स्वर में पुलक कंपन था—

पुत्री, सत्य कहो, ऋतु स्नान किए दो मास···विलक्षण गणना! लोपा के कपोल सहसा अरूणिमा हो उठे थे।

माता, आपने कैसे··· ?

तुम्हरा स्पंदन, तुम्हारे मुख का पीत वर्ण और तुम्हारे पैरों की गति···ऐसी स्थिति में मातृत्व की दैवी सुगंधि ही सारा मर्म खोल देती है।

वे दुबारा, प्रवरा सासुमाँ की चरण धूलि लेने के लिए झुकी थीं, तभी विशाला माँ ने सचेष्ट किया था—

नहीं, अधिक झुकने की आवश्यकता नहीं···! शरीर का विशेष रख-रखाव करना होगा। तुम्हें प्रात: कलश भरने की आवश्यकता नहीं, काष्ठ आदि उठाने, धरने का कार्य तुम्हारी दोनों ननदें करेंगी।

☐

लोपे, दूध, फल का सेवन अधिक करना पुत्री···। ऐसी अवस्था में भूख अधिक लगती है। भोजन की मात्रा कम, किंतु क्रम बढ़ाना होगा।

तुम चलती कम, दौड़ती ज्यादा हो। अपनी गति को सम रखना।

विशाला माँ के दोनों हाथ अंतरिक्ष की ओर जुड़ गए थे—

इंद्र, मरुत्, सूर्य, वरुण, अग्नि और समस्त ग्रह निकर! हे महादेव, भावी शिशु की रक्षा का दायित्व आप लें। हमारी पुत्रवधू सकुशल रहे।

कोमला ताम्रकलश में जल, दूर्वादल ले आई थीं—

पुत्री, तुम पूर्व दिशा की ओर मुख करके बैठो। स्वस्ति-पाठ और मार्जन करूँ।

मंत्र विज्ञानी ऋषि अगस्त्य अबोध बालक बन गए थे—

लोपे आपको कुछ बताना है। आपका आभार व्यक्त करना है। ब्रह्मज्ञान को प्राप्त करना और ब्रह्मानंद को प्राप्त होना—दोनों ही भिन्न स्थितियाँ हैं न···! विशाला माँ ने मुझे सबकुछ बता दिया है। शिरीष पत्रों सी नरमाई मेरे

हृदय में समाहित है। श्रवण रंध्र में अलियों का गुंजार, पृष्ठभाग पर, स्कंध पर किसी अज्ञात रेशमी स्पर्श का अनुभव मुझे पुलक भाव से भर रहा है। स्फूर्ति भरी यह विह्वलता कैसी, स्पंदन में यह मृसणता क्योंकर··· ?

□

अपने जनक से पूछेंगी, क्या आपके जन्म से पूर्व उन्हें भी ऐसी ही अनुभूति हुई थी ?

उन्होंने धीरे-से लोपा के मस्तक का चुंबन लिया था—आप समझ रही हैं न मेरी मनोदशा··· ?

विशाला माँ ने ठीक कहा था—

इतने बड़े ज्ञानी-विज्ञानी होकर भी आप एक कोमल शिशु हैं! आर्य, आपकी सूक्ष्म छवि को मैंने धारण किया है। मैं उस दिन की प्रतीक्षा में हूँ, जिस दिन उसका, एक नन्हें अगस्त्य का जन्म होगा!

अगस्त्य ने उनके मुख पर अपनी हथेली रख दी थी—अगस्त्य नहीं, लोपा··· ! वह आपकी तरह होगी। मेरी प्राण पुत्तलिका की प्रतिच्छवि··· !

मैं विशाला माँ से शगुन निकलवाऊँगी। मेरा मन कहता है कि वह पुत्र ही···

कोमला विशाला माँ की प्रतिमूर्ति बन बैठी थी—भ्रातजाया, पुष्करिणी का अगला सोपान पिच्छल है, आप उधर नहीं जाएँगी। मैं गुरुदेव से कहूँगी आपके स्नान आदि का प्रबंध उटज के समीप कूप के···

अरे नहीं कोमला, इसी व्याज से मेरा थोड़ा अटन भी तो हो जाता है न··· ! पैदल चलना भी तो एक बड़ा व्यायाम है।

सुकेशी उनके केश सँवारती, वेणी गूँथती और विशाला माँ सर्षप, मरिच से कुदीठ उतारतीं।

पद्मनाभ ने शिष्यमंडली को चुपके से बताय था—एक नववटुक आनेवाला है। लेकिन अभी वह गुरुमाता के पास ही रहेगा।

ऐसा क्यों भ्राताश्री?

क्योंकि अभी तो वह केवल रुदन करेगा। उसकी हर आवश्यकता के लिए रुदन ही भाषा होगी और यह क्रंदन की भाषा तो उसकी जननी अर्थात् गुरुमाता ही समझ सकेंगी न···!

अच्छा, अब समझा। भ्राताश्री एक बात बताएँ···। जब वह शिशु क्रंदन करेगा, तब गुरुदेव का क्या दायित्व होगा? क्या वे उसे दंड देंगे या उसकी क्षुधा शांत करने का प्रयत्न करेंगे···?

वटुकों की गोष्ठी में सम्मिलित सुतीक्ष्ण ने कोमल को अपने निकट बिठाते हुए प्रश्न किया था—

अच्छा, बताओ तो, क्या गुरुदेव ने कभी तुम्हें, गोपालक अथवा उद्दालक को दंडित किया? मैं, पद्मनाभ, शरभंग, हम सब बालपन से ही यहाँ आ गए थे। एक बार भूलवश मैंने अपने एक सहपाठी से कटु शब्द कहे थे। गुरुदेव के श्रवणों में यह बात पड़ी थी। उन्होंने स्वयं को दंडित किया था—

आज मेरा निर्जल उपवास है।

मेरी रुलाई फूट पड़ी थी—

किंतु गुरुदेव, दोष तो मेरा है! आप स्वयं को दंड किसलिए दे रहे हैं?

महर्षि की आँखों में अश्रु थे—मा विद्विषाव है···।

तुम्हारा स्वाध्याय यज्ञ तुम्हें क्या सिखाता है—पुरागाथाएँ क्या कहती हैं—

मनुष्य बनो···, वाणी की उदाता से जुड़ो, उसके अपचय से नहीं···! निंदनीय की भी निंदा नहीं, यदि उसमें सत्संग जनित अपेक्षित सुधार नहीं हो तो स्वयं को उससे विलग कर लो···, नवनीत बनो वत्स···!

एक नवीन सृष्टि अगस्त्य के समक्ष की। लोपामुद्रा और अगस्त्य की

सृष्टि··· ! उदरस्थ शिशु सोलह कलाओंवाले चंद्र की तरह विकसित हो रहा है। प्रतिदिन एक नया परिवर्तन। उदर के किसी भाग में जीव का पदनिक्षेप होता तो वे घबड़ा उठतीं—माते, यह क्या हो रहा है ? मैं उँगलियों से टटोलती हूँ तो वह द्रुत गाति से कहीं और चला जाता है, मानो उदर भाग में उसी का आधिपत्य हो !

पीड़ा होती है क्या पुत्री ?

नहीं, उसका पदाघात प्रिय प्रतीत होता है। ऐसे कितने दिन रहना होगा··· ?

अवधि तीव्रता से निकल रही है पुत्री···। वह जल्दी ही समक्ष आ जाएगा।

प्रसव की वेदना अधिक होती है माते ?

होती है, लेकिन पुत्री, संतान की कुशलता और उसकी सुरक्षा का प्रश्न हो तो प्रत्येक दुस्सह वेदना जननी को सहजता से सह्य हो जाती है। तुम चिंता मत करो···। ईश्वर सब ठीक करेंगे।

अगस्त्य जब भी निकट बैठते, नाड़ी शोधन करते—लोपे, मेरी आत्मजा क्या आपको बहुत सता रही है ? प्रिये, वह अपने पिता का मुख देखने के लिए विकल है। उन्होंने समक्ष बैठी विशाला माँ की गोद में सिर रखा था—

माते, शिशु के लिए अपने पुराने वस्त्र सुरक्षित रखेंगी। अरे हाँ, उसके लिए एक पर्यंक भी बना लेना होगा न··· ?

नहीं, पुत्र अभी से नहीं। उसकी प्रथम गोद धरित्री माँ की होगी···। पहले उसका सकुशल अवतरण हो जाए, फिर तो धीरे-धीरे आवश्यकता की सभी वस्तुएँ एकत्र हो जाएँगी।

अगस्त्य अपनी अल्पबुद्धि पर खीझ उठे थे—ठीक ही तो कहा माते ने, लोक व्यवहार की तनिक भी समझ मुझमें नहीं··· ! माता कितनी बुद्धिमती हैं न··· और कितनी स्नेह वत्सल! विशाला माँ की गोद में बालक बन सो गए थे वे।

ऋषिवर को एक नई उड़ान दृष्टिगत होने लगी थी—विमान वायु पर

उड्डयन करता है। वैसे ही न, जैसे जलयान अथवा नौका जल पर संतरण करती है। अतएव, विमानन विद्या प्राप्त करने के लिए वैज्ञानिक शोध की आवश्यकता है।

वे तत्क्षण उठकर अपने अध्ययन कक्ष की ओर बढ़ गए थे—

क्या हुआ माते, आर्य अनायास उठ गए··· ?

तुम तो जानती हो पुत्री, उसके मस्तिष्क में कोई विचार हठात् कौंधता है और आत्मस्थ होने के लिए उसे अपना अध्ययन कक्ष ही सबसे अधिक उपयुक्त स्थान प्रतीत होता है। वहीं जाकर बैठा होगा, एकांत में!

पद्मनाभ ने उटज का द्वार धीरे से खटखटाया था—

गुरुमाते, संदेशवाहक ने यह पत्र दिया है। ठीक है वत्स, उस पीठिका पर रख दो। मैं दे दूँगी।

उन दिनों अगस्त्य 'शक्तिसूत्र' की रचना कर रहे थे। लोपा ने अपनी चिंता व्यक्त की थी—आर्य, आपके निरंतर श्रम और साधना से सृष्टि को लाभ अवश्य मिलेगा, शताब्दियों तक आपके संवेदनशील चिंतन, आपके आविष्कारों को हमारी आनेवाली संतानें मान देंगी। मुझे आपके स्वास्थ्य का सोच है। किसी भी कार्य में आप इतनी दत्तचित्तता के साथ जुड़ जाते हैं कि देहधर्म पूरी तरह विस्मृत हो जाता है।

☐

इन दिनों मैं भी अधिक समय नहीं दे पाती। आपको सबकुछ अकेले ही···

अगस्त्य शांत चित्त थे—

तुम्हारा सृजन यंत्र विलक्षण है लोपे, तुम्हारा ही क्यों, सृष्टि की प्रत्येक नारी के लिए संतानोत्पत्ति किसी महातम्य से कम नहीं···। इस समय तुम्हें चिंता नहीं, चिंतन की आवश्यकता है। वह दीर्घायु हो, विद्या, बल, शील, संस्कार, एकाग्रचित्तता में अग्रणी हो, मनुष्य मात्र में कोई भिन्नता नहीं माने

और उसे सर्वशक्ति संपन्न भी होना होगा। नाभिनालबद्ध होने के कारण वह जीव तुम्हारे ही विचारों से पोषित होगा। तुम्हें उसके आंतरिक पोषण का विशेष ध्यान रखना होगा। चिंता स्वास्थ्य विनाशिनी हुआ करती है और रही बात मेरी, तो प्रिये, जपजनित क्षीणता यदा-कदा दृष्टिगत हो सकती है, किंतु अंतस् का तेज कभी कम नहीं होता। जिस दिन यह तेजोमयता मलिन होगी, उस दिन अगस्त्य अगस्त्य नहीं रहेगा।

आर्य, ऐसी बात न कहें, मेरी आयु भी आपको लगे···। फिर आपने कह डाली न चिंता वाली बात, लोपा के बिना अगस्त्य नहीं और···।

वह पत्र लोपा के पिता विदर्भराज का था—

आप कंबोज, यवा, सुमात्रा आदि क्षेत्रों की यात्रा कर आए, आपने वहाँ सनातन धर्म की, ब्रह्मज्ञान की नींव रखी। आर्यावर्त की विराट् संस्कृति का उद्घोष आपने किया। तमिल संगम परिषद् के तत्त्वावधान में एक विराट् सम्मेलन आयोजित है। वहाँ के शासक साहित्य-संस्कृति प्रिय हैं और पांडय राजसमूह इस महासम्मेलन के लिए सर्वाधिक उत्सुक हैं। आपसे विनम्र अनुरोध है कि इस सम्मेलन का अध्यक्ष पद स्वीकार करें! सर्वंशुभम्।

आपके पितृगृह से आमंत्रण है। मदुरै के लिए प्रस्थान करना है।

लेकिन आर्य, मेरी ऐसी अवस्था···,

वही तो···सोचता हूँ विनम्रतापूर्वक इस प्रस्ताव को अस्वीकार कर दूँ।

लोपा ने तुरंत प्रतिवाद किया था—आर्य, ऐसा सुअवसर बार-बार नहीं आता। आपको जाना चाहिए···। आप मेरी चिंता न करें, यहाँ विशाला माँ हैं और आपकी मंत्रशक्ति सदैव रक्षा-वलय बनकर मेरे साथ रहेगी।

थोड़ी देर मौन रहकर उन्होंने एक प्रस्ताव सामने रखा था—

आर्य, आपने मेरे मन की बात कैसे जान ली ? पत्र के अंत में माताश्री ने लिखवाया भी है—लोपे, जामाता आज्ञा दें तो तुम भी उनके साथ···

एक लंबी अवधि के पश्चात् पितृगृह के लिए उनकी यात्रा···।

तनिक क्लांति महसूस हो तो हम रुक जाएँगे। थोड़ा विश्राम करके फिर यात्रा आरंभ करेंगे।

सर्वसम्मति से महर्षि अगस्त्य को सम्मेलन का सभापतित्व दाय सौंपा गया था, व्याकरण की शुद्धता, भाषा की बोधगम्यता, भाव की उदात्तता, सभी संदर्भों पर गहन-विचार विमर्श प्रारंभ हुआ था। दक्षिण के महत्त्वपूर्ण कवि, ऋषिगण और उनके द्वारा लिखित साहित्य के वाचन, गूढ़ार्थ और श्रेष्ठत्व को प्रमाणित कर चुकने के बाद उनके प्रकाशन की युक्त···।

उन्होंने राष्ट्रधर्म, अध्यात्म तथा मानव-संस्कृति के अभ्युत्थान से संबंधित उन ग्रंथों के चयन के लिए विद्वत्मंडली की भूरि-भूरि सराहना की थी।

ऋषि अगस्त्य तथा अन्य गणमान्य ऋषियों को प्रचुर धन-धान्य से समादृत किया गया था।

अगस्त्य प्रसन्न थे—

लोपे, हमारी पुत्री अत्यंत सुलक्षणा है। अपने पिता की यशोवृद्धि करनेवाली, अपनी माता को ऐश्वर्यशालिनी बनानेवाली।

लोपा के मन में मुहूर्त भर के लिए प्रतिवाद उठा था—आर्य, कितने विश्वास के साथ पुत्री-पुत्री कर रहे हैं! मेरी परिकल्पना में तो···

उन्होंने आश्वस्त भाव से नेत्र बंद कर लिये थे। अगस्त्य का देदीप्यमान स्वरूप उनके चेतन पटल पर उग आया था—

मुझे अब भी समझ नहीं पाईं लोपे, मैंने ही तुम्हारी निर्मित की, अपनी चेतना का एक अंश पृथक् करते हुए उसे ऊर्जामय बनाया और तुम विदर्भ नरेश के राजभवन में उनकी तनया बनकर पली। लोपे, तुम श्वास भी लेती हो न, तो तुम्हारा अंतर्जगत् मेरे सामने प्रत्यक्ष हो उठता है। मेरे पूर्वज तृषित थे। घोर तप के बाद भी मैं उनकी चिरमुक्ति का साधन नहीं बन सका था। वेंकेटेश पर्वत पर तपस्यारत था मैं। प्रभु की महती कृपा हुई और उनसे असीम शक्तियाँ पाकर मैंने लोककल्याण का व्रत धारण किया।

महाभागे, कैसी विंडबना थी मेरे जीवन की! मैं अपने पितरों की अधोगति देख रहा था, किंतु निरुपाय था। मेरे सनातनी मन ने कहा—

संतान परंपरा की वृद्धि के बिना पितरों का मोक्ष कहाँ··· ? सृष्टि के समस्त नर-नारी ब्रह्मचर्य व्रती हो जाएँ तो परंपरा का विकास अवरुद्ध हो जाएगा, सृजन का चक्र रुक जाएगा। गार्हस्थ्य धर्म भी एक प्रकार का धर्म है। लोपे, तुम्हारा पाणिग्रहण करने के पश्चात्, तुम्हारे गर्भस्थ शिशु के माध्यम से मैंने पितरों को प्रसन्न किया है। क्या अब भी यह पृच्छा शेष है कि तुम्हारे गर्भ में कन्या संतान ही है?

लोपा का हृदय शांत था।

आपको कमतर करके तोलना मेरी अज्ञानता थी प्रभु, मंत्रद्रष्टा पिता की तेजोमयी कन्या, तुम्हारा स्वागत है।

सुतीक्ष्ण ने सूचना दी थी—विशाल भरद्वाज ऋषि प्रयागराज में एक गुरुकुल की स्थापना करनेवाले हैं। पूरे आर्यावर्त में इस तरह के गुरुकुलों का निर्माण किया जाए तो···

अगस्त्य के मुख पर एक संतोषप्रद मुसकान थी—

वे अपने ऋषिधर्म का निर्वहण करनेवाले हैं। मैं मानता हूँ कि पूरे विश्व की मानव-संस्कृति एक है और ब्रह्मविद्या के प्रवर्तन के लिए, वैज्ञानिक पद्धति से सृष्टि के चतुर्दिक् विकास के लिए ऐसे शिक्षाकुलों की नितांत आवश्यकता है। सुतीक्ष्ण, मेरे लिए तो यह अत्यंत शुभ समाचार है।

सुतीक्ष्ण ऋषि ने गुरुदेव के समक्ष एक प्रश्न रखा था—

क्या कभी कोई ऐसा भी युग आएगा, जब हमारा यह यज्ञकर्म, हमारा आध्यात्मिक चिंतन, देवगण, ऋत, वैज्ञानिक संदर्भ आदि की प्रामाणिकता अथवा उपादेयता को मनुष्य उचित ढंग से परख नहीं पाएगा··· ? तब क्या होगा आचार्य?

ऋषि अगस्त्य का उत्तर अत्यंत मर्मस्पर्शी था—हमारी आर्ष भावना समुद्र

में विलीन होने वाली लघु तरंगों की तरह नहीं है। दर्शन की गंभीरता और अध्यात्म के अनहद शिखर पर स्थित सनातनता को बोध देनेवाली कारयित्री प्रतिभा सृष्टि के शाश्वत प्रतिमानों से जुड़ी है। यह विराट् वाङ्मय निराधार को नहीं, तुम आश्वस्त रहो। सुदूर भविष्य में मानव जाति को जब कभी सुख की भावना अथवा पीड़ा के समाधान की अपेक्षा होगी, यही मंत्रशक्ति अपने संपूर्ण सत्य के साथ उसकी मुक्ति का साधन बनेगी। इस वाचिक परंपरा को सहस्र संवत्सरों तक मंदाकिनी की धारा के रूप में अजस्र बहाना होगा। अपनी संतानों, उनकी संतानों के हृदयों में इस अमृत प्रवाह का सिंचन करना होगा। क्योंकि पुत्र, हमारी आर्ष परंपरा का अवदान तभी सुरक्षित रह पाएगा, जब हम अपने आधिभौतिक काव्य, उसके बिंबों को पठन-पाठन के क्रम में आगे आनेवाली पीढ़ियों को प्रदान करेंगे।

□

अब तुम ग्रह-नक्षत्रों के विज्ञान की बात लो। महर्षि भृगु, अंगिरस और मैंने भी पूरे ब्रह्मांड की संरचना का ज्ञान प्राप्त करने के लिए तपश्चर्या का मार्ग अपनाया, तब कहीं देवगण का सान्निध्य प्राप्त हुआ, अत्यंत गौरवशाली चैतन्य शक्तियों की व्यवस्था का बोध हुआ।

सुतीक्ष्ण विस्मय सुख से ऋषि को निहार रहे थे—उचित कहा गुरुवर ने! मननशीलता ही मनुष्य का प्राकृत गुण है। मनन, चिंतन अर्थात् अंतर्याग! जड़ हो या चेतन, सबके प्रति कितने संवेदनशील हैं हमारे आचार्यश्रेष्ठ!

क्या सोच रहे हो सुतीक्ष्ण! उठो शिष्य, ज्ञान यज्ञ के बिना तुम्हारा उद्धार नहीं! अपने कक्ष में जाकर ध्यान करो और कल प्रात: एक नवीन मंत्र रचो…। मैं तुम्हारे मुख से कुछ नवीन सुनना चाहता हूँ।

तपोवन दिव्य आभा से पूरित था। भार्या का प्रसवकाल सन्निकट देखते ही अगस्त्य विकलता से भर उठे थे—

अधिक वेदना हो रही है प्रिये? आप बताएँ, मुझे क्या करना चाहिए?

लोपा पीड़ा में भी अपना कौतुक सँभाल नहीं पाई थीं—

आप बाहर बैठकर मंत्र-जाप करें। विशाला माता को तत्क्षण बुलवा लें।

विलक्षण धैर्य था राजकन्या लोपामुद्रा में! अपनी वेणी को खोलती, वस्त्रखंड ढीले करती, धरती पर तल्प बिछाती, वेदना सहन करती जा रही थीं—

हे कुलदेवी, इस जीव को सुरक्षित जगती में ले आएँ!

विशाला माँ के साथ प्रसव कार्य में प्रवीण सुभगा भी आ गई थीं—

पुत्री, पूरी शक्ति लगाओ। शिशु धरती पर आने के लिए आतुर है।

क्षण भर में एक सूक्ष्म क्रंदन स्वर कुटीर को गुंजायमान कर गया था—

केहाँ, केहाँ···कहाँ आ गई मैं··· ? अनचीन्ही धरती, अनजाने लोग··· !

निमिष मात्र के लिए लोपा ने मूर्च्छना का अनुभव किया था, फिर सहसा सचेष्ट हो गई थीं—माते··· ?

विश्राम करो पुत्री··· ! अगस्त्य की वाणी सत्य सिद्ध हुई। कन्या रत्न है पुत्री···। सूर्य, रश्मियों सी विलक्षण आभा से युक्त!

सुभगा ने शिशु को स्नान कराया। यज्ञाग्नि की भस्मी का तिलक लगाकर विशाला माँ के वस्त्रों में समेट लिया था—

लीजिए माते, आपकी पौत्री कैसे आपको निहार रही है! इसे भूख लगी है—मधुजल का पात्र सामने है। श्वेत वर्तिका का मुख कसोरे में डुबोती एक-एक बिंदु नवजात कन्या के मुख में टपकाती विशाला माँ का रोम-रोम हर्षित था—

अगस्त्य को बुलाने के लिए कोमला और सुकेशी दौड़ी गई थीं—

आचार्य, आपको विशाला माँ बुला रही हैं। शीघ्र चलें···।

कोमला, पहले सूचना दो···।

नहीं, पहले मिष्टान्न···।

नहीं, पहले सूचना, फिर मिष्टान्न…।

अरे, आप तो गोपालक, उद्दालक की तरह बाल हठ करने लगे। अच्छा, तो सुनें…।

दोनों नन्हीं ऋषिकाएँ एक साथ बोल उठी थीं—भ्रातृजाया ने अत्यंत सुंदरी पुत्री को जन्म दिया है। अगस्त्य की आँखों में अलौकिक दीप्ति थी। उन्होंने अंतरिक्ष के देवगणों का हाथ उठाकर अभिवादन किया था। उनकी देखा-देखी सुकेशी और कोमला भी नमस्कार की मुद्रा में आ गई थीं—

अब चलिए भी आचार्य श्री, माते ने जोर देकर कहा है, जल्दी चलना है।

अच्छा, एक बात बताओ, कन्या का वर्ण कैसा है? कहीं वह मेरी तरह श्याम वर्णी तो नहीं?

अरे नहीं, सुकेशी भगिनी, इन्हें बताओ, कन्या का वर्ण कैसा है?

मैं बताऊँ। दूध के कटोरे में यत्किंचित् आलक्तक घोल दिया जाए न, ऐसी ही मुख छवि है आपकी दुहिता की।

अगस्त्य का स्पंदन तीव्र हो गया था—हाथ-पाँव और नन्हीं सी काया वस्त्रखंड में आवेष्टित! केवल मुख दिखाई दे रहा। पुष्कारिणी में खिले हुए श्वेत पद्म-सा और बालभ्रमर से दो सुंदर नेत्र…।

विशाला माँ ने पास बुलाया था—

लो, वत्स, इसे अपनी बाँहों में सँभालो। नहीं माते, मुझे भय लग रहा है। यह बहुत छोटी है।

लोपा के मुख पर सुंदर मुसकान थी—आप जीते, मैं हारी…!

लोपे, मैं पुत्रवत् इसका पालन करूँगा। ठीक वैसे ही, जैसे तुम्हारे पिताश्री ने तुम्हारा परिपालन किया।

विशाला माँ की नरम बाँहों में झूला झूलती कन्या सो गई थी—

अग, इसे पाकर मेरा रोम-रोम हर्षित है, पुत्र…। इसका मुख देखकर

जीवन की अभिलाषा बढ़ गई है।

अगस्त्य माता के निकट मोदमग्न बैठे थे—माते, हम नित्य नए प्रयोग करते हैं—नित्य नई विद्या की उत्पत्ति, मंत्रों की सिद्धि, लेकिन अब प्रतीत हो रहा है कि ईश्वर की बनाई इस प्रयोगशाला में जो छवियाँ गढ़ी जाती हैं, उनके समक्ष सभी प्रयोग, सारे आविष्कार हेठे हैं, निम्न हैं। माते, मैंने इस कन्या का नाम सोच लिया है। विशाला माँ के रोम-रोम में हर्ष उत्पन्न करनेवाली-रोमहर्षिणी!

संपूर्ण तपोवन उल्लसित था। वायु की मंदगति में शुभता का गान था। मार्गशीर्ष, शुक्ल पक्ष की पंचमी तिथि! साक्षात् वाणी का वरदान बनकर लोपा के गर्भ से प्रकट हुई थी बालिका!

अष्टकुमारिकाएँ शुभ परिधान धारण करतीं, लोपा के समक्ष चल रही थीं। पंचपल्लव, नारकेल, यव, अक्षत, सिंदूर आदि पूजन सामग्री लिये, मांगलिक कार्य संपन्न कराती हुई···! बालिका की जिह्वा के अग्रभाग पर अगस्त्य ने 'ॐ' लिखा था—

रोमहर्षिणी उनकी गोद में थी और उसने पिता की उँगलियों को अपनी नन्हीं मुष्टिकाओं में बाँध रखा था।

लोपा हँस पड़ी थीं—

आर्य, इसके अभिलक्षण देखें! शत-प्रतिशत आपकी ही अनुकृति! इसे आपका अनुसरण करना है, तभी तो···।

□

यज्ञवेदी में प्रज्वलित अग्निदेव के समक्ष सब लोगों ने प्राणिपात किया था।

सुतीक्ष्ण की आज दीक्षा थी। उन्हें गुरु से विदा लेकर अपने लिए एक नए आश्रम की व्यवस्था करनी थी। उनका कंठ अवरुद्ध था—

गुरुवर, आपके दिव्य ज्ञान से आलोकित आपकी स्नेहधारा से आप्लावित

आज आपसे विदा लेने की वेला आ गई है। आपके श्रीचरणों से दूरी मेरे लिए असह्य है। मैं किस प्रकार···

अगस्त्य दीक्षा गुरु की भूमिका में थे—मेरे तपोवन की परंपरा में तुम अकेले ऋषि नहीं हो सुतीक्ष्ण! तुम्हारी तरह अनेक ज्ञानार्थी मेरे सान्निध्य में विद्याध्ययन करके गए और मेरे निर्देशानुसार सबने अपने-अपने गुरुकुल का विस्तार किया। शिक्षा वह कल्पतरु है वत्स, जो मनुष्यता का दिव्य फल प्रदान करती है।

□

और यहाँ से अधिक दूर भी नहीं जाना है। समीपस्थ भू-खंड में ही तुम्हारा उटज होगा, जहाँ स्वाध्यायपूर्वक तुम मेरे द्वारा प्रदत्त ज्ञान-परंपरा की अपनी बौद्धिक सूझ-बूझ के साथ अभिवृद्धि कर पाओगे, और वत्स, इस आश्रम का, तुम्हारे इस गुरु का आंतरिक नैकट्य तो सदा-सर्वदा के लिए होगा न···। तुम मेरे अंतेवासी हो और रहोगे! महादेव तुम्हारा कल्याण करेंगे।

विदर्भ नरेश प्रमुदित थे—उनकी प्राणप्रिय पुत्री को मातृ पद प्राप्त हुआ है।

महारानी, दौहित्री को देखने की आकांक्षा नहीं··· ?

महाराज आपने तो मेरे मुख की बात छीन ली। लोपा और उसकी पुत्री को देखने के लिए तो मेरा रोम-रोम आकुल-व्याकुल है। मूल से ब्याज कितना प्रिय हो सकता है, यह अभी ज्ञात हो रहा है।

उन्होंने स्वर्णकार को बुलवाया था—विंध्य तल वाले माणिक्य की एक सुंदर माला बनाएँ, ऐसी, जो मेरी दौहित्री के सर्वथा योग्य हो। वे अच्छी तरह जानती थीं। उनकी पुत्री लोपा और जामाता अगस्त्य ने गंगाद्वार पर घोर तप किया था। उनकी पुत्री ने समस्त वैभव को छोड़कर परम वैराग्य किया था। विवाहोपरांत ही इतना दुष्कर तप···! सारी सिद्धियाँ प्राप्त हुईं। पति-पत्नी कृत मनोरथ हुए थे। तत्पश्चात् गृहस्थ जीवन का शुभारंभ हुआ था और लोपा के दांपत्य जीवन का सर्वोत्तम उपहार इस दौहित्री के रूप में समक्ष था।

माता-पिता को समक्ष देखकर लोपामुद्रा हर्षातिरेक से भर उठी थी—

राजमाता के नयन जुड़ा गए थे—पुत्री, रोमहर्षिणी के मुख पर कितनी दिव्य आभा है! तुम्हारा तप मूर्तिमान हुआ है।

उन्होंने उटज के चारों ओर दृष्टि घुमाई थी—यह बालिका अपने साथ सुख सौभाग्य के सभी उपादान ले आई है। मेरे जामाता का हृदय परिवर्तन उनकी पुत्री ने किया। लोपे, मैं अपनी नातिनी के लिए यह मणिमाला ले आई थी, किंतु देने में संकोच कर रही थी। मुझे बार-बार स्मरण हो रहा था—

पाणिग्रहण के समय उन्होंने कहा था—राजसी वस्त्राभूषणों का परित्याग करना होगा।

लोपा ने शांत स्वर में उत्तर दिया था—उन्हें कन्या संतान चाहिए थी माते¨। और जिस दिन गर्भाधान संस्कार हुआ था। उसी दिन ऋषि ने सुनिश्चित किया था—

इस बालिका के लिए मैं इस तपोवन में राजसी परिवेश का निर्माण करूँगा। जिन राजाओं के पुत्रों को अपने गुरुकुल में श्रेष्ठ आयुध विद्या का दान दिया, उन्होंने यह ऐश्वर्य मूल्य हमारे आश्रम को प्रदान किया। मैं वीतरागी हूँ और आजीवन मेरा यही स्वरूप रहेगा। इसे एक प्रकार का प्रायश्चित् समझो। राजकन्या थी तुम, तब भी मेरे एक इंगित पर तुमने समस्त वैभव का परित्याग किया था। अब समय आ गया है, मैं तुम्हारी पुत्री को वह सब सुख-सुविधाएँ देना चाहता हूँ।

यह स्वर्ण पर्यक और यह सुसज्जित रथ, उटज का प्रत्येक कक्ष धन-धान्य से भरा हुआ। राजकन्या, मैंने तुम्हें एक कठिन तप में बाँधा था। आज इस कन्या का मुख देखकर मुझे तुम्हारे पिता का स्मरण हो आया। अपनी प्राणप्रिय पुत्री को राज सुविधाओं का त्याग और वल्कल को अंगीकृत करते देखकर जिस दारुण विवशता का अनुभव हुआ होगा, उसे मैंने अपनी सहजानुभूति से भीतर उतरते देखा। वह पश्चात्ताप की अग्नि मुझे दग्ध करे, इसके पूर्व मैंने

अपने आप को रूपांतरित किया। मैं इस पुत्री का अदृष्ट इस पर छोड़ता हूँ। साधन सब रहेंगे, यह स्वविवेक से जिसे अंगीकृत करना चाहे।

राजमाता आश्वस्त हुई थीं। मणिमाला बालिका के वक्ष पर सुशोभित होने लगी थी। अगस्त्य ने पितृ तर्पण का कार्य पूरा किया था। वे पुनः समाधिस्थ होने की प्रक्रिया में थे। लोपा विचारमग्न हो गईं थीं। जब कभी ऋषिवर के मनोमस्तिष्क में वैज्ञानिक प्रयोगों का, तपसिद्धि का, छंद निर्मिति का भाव जाग्रत् होने लगता है, उनके अंतर्बाह्य व्यक्तित्व में अनायास एक परिवर्तन परिलक्षित होने लगता है। सुतीक्ष्ण बताया करते थे, जब कभी कोई नवांकुर प्रस्फुटित होने का आभास देने लगता था, गुरुदेव मुझे बुलाते और निदेश देते थे—

मैं ध्यान में जाना चाहता हूँ। शेष तुम पर। कभी उनकी मनीषा यह अवसर भी नहीं देती थी। तब वे चुपचाप कहीं चले जाते थे।

कोई नया तप, कोई नई सिद्धि···।

उस दिन उन्होंने अपनी अबोध पुत्री को लक्षित करते हुए कहा था—

तू बड़ी भाग्यशालिनी है और तेरा पिता भी तो! इस सुदीर्घ अवधि तक मैं तप करता रहा। दिव्य ज्योतिपुंज के रूप में ईश्वर को भजता रहा, इंद्र, मरुत्, अग्नि, वरुण का स्तुति-जप करता रहा, अब उसके साकार होने की अवधि समीप आने लगी है। हमारा यह दंडकारण्य धन्य होने वाला है। धरती और व्योम, अंतरिक्ष की समस्त शक्तियों को आह्लादित करनेवाले छंदों को प्राप्त करता रहा। मुझे ज्ञान हुआ है कि मेरे जीवन के उत्तरार्द्ध में वह तेजोमय स्वरूप इस कुटिया को शोभायमान करनेवाला है। ज्ञान, विज्ञान, तप, योग सब उसमें समाहित हैं। आर्यावर्त का भुवन भास्कर उदित होगा, शीघ्र जगमगाएगा इस वन प्रदेश को।

लोपे, आप मेरी बात को अच्छी तरह समझ रही हैं न···। आप पर तो श्रीदेवी की अनंत कृपा है। दंडक वन को पावन करनेवाली एक महान्

आध्यात्मिक ऊर्जा को साक्षात् देखने की अभिलाषा शीघ्र पूर्ण होनेवाली है।

मैंने सुंद असुर का वध किया। ऋषियों का संहार करनेवाले, यज्ञ विध्वंस करनेवाले अनेक असुर यहाँ, इस आश्रम से बहुत दूर पलायन कर गए। किंतु संकट अभी पूरी तरह शेष नहीं हुआ है। आसुरी वृत्तियों के साथ मनुष्य का शाश्वत संघर्ष होना बाकी है।

□

आर्य, आप भविष्यद्रष्टा हैं। जो कुछ आप देख, समझ रहे हैं, उसका अनुमान मैं इस समय अवश्य नहीं लगा पा रही हूँ, लेकिन आपकी नेत्र-दीप्ति को पढ़कर इतना अवश्य प्रतीत हो रहा है कि आपके अस्त्रागार में धरे दिव्यास्त्रों के प्रयोग की अवधि समीप आ रही है। मंत्र शक्ति से ऊर्जस्वित किए गए ये आयुध निस्संदेह सृष्टि-कल्याण का महायज्ञ रचनेवाले हैं।

उन्होंने पुत्री रोमहर्षिणी को निकट बुलाया था—तुम्हें इन अस्त्र-शस्त्रों का विधिवत् ज्ञान अपनी माता से लेना होगा। स्त्री दशभुजा बने, तभी जगती का कल्याण संभव है।

हर्षिणी ने अपनी माता के पास जाकर मनोभाव सामने रखे थे—

माते, पितामही बता रही थीं—

अयोध्या नगरी के दो राजकुमारों को विश्वामित्र ऋषि अपनी यज्ञ-रक्षा के लिए साथ ले गए। राम और लक्ष्मण राजा दशरथ के दो पुत्र—दोनों ही किशोर वय के। तो···

तो क्या पुत्री··· ?

तुम्हारे मन में कोई शंका··· ?

एक नहीं, दो-दो शंकाएँ··· !

अच्छा, जरा सुनूँ तो···, मेरी पुत्री के मन में हठात् ये शंकाएँ क्यों उठीं ?

मेरी प्रथम शंका—

महर्षि क्या स्वयं राक्षसों का संहार करने में असमर्थ थे··· ?

मेरी दूसरी शंका—

राम, लक्ष्मण, ये दोनों भाई वय में छोटे थे, महर्षि से तो बहुत ही छोटे, फिर उन दोनों भ्राताओं को संग ले जाने का अभिप्राय क्या रहा होगा?

लोपा पुत्री की विचारशीलता देखकर आश्वस्त थीं—तुमने पितामही से क्यों नहीं पूछा? विशाला माँ अथाह बुद्धिमती हैं। तुमने देखा नहीं, तुम्हारे पिताश्री स्नान ध्यान से निवृत्त होकर सबसे पहले तुम्हारी पितामही के पास जाते हैं। उनकी चरण धूलि लेकर, उनसे वात्सल्य स्पर्श प्राप्त करके ही मखशाला की ओर प्रस्थान करते हैं। त्रिकाल योगिनी हैं तुम्हारी पितामही··· !

वह तो ठीक है, लेकिन माते, पितामही ने एक ही उत्तर दिया—

तुम्हारी माता सक्षम है। उससे ही पूछो, समाधान पा जाओगी।

उन्होंने पुत्री को ममतावश निकट बैठा लिया था—

एक युक्ति है मेरे पास। तुम्हारे सुतीक्ष्ण काका भक्तिविह्वल पुरुष हैं। उनसे मैंने सगुणावतार की चर्चा सुनी है। वे कल प्रातः तुम्हारे पिता से मिलने के लिए हमारे कुटीर में पधारने वाले हैं। इससे सुंदर सुयोग क्या होगा भला?

हर्षिणी का प्रश्न सुनते ही सुतीक्ष्ण भक्तिविह्वल हो उठे थे—पुत्री, राम शब्द ही परमानंददाता है। तुमने जिन प्रतापी राजा दशरथ के पुत्र श्री रघुनंदन के विषय में अपना औत्सुक्य व्यक्त किया है न, मैं उन्हें सच्चिदानंद ब्रह्म का स्वरूप मानता हूँ। मेरे गुरुवर, आपके पिताश्री की कालगणना मेरे लिए आकाशवाणी की तरह विश्वसनीय और अक्षरशः सत्य है। उन्होंने कहा था—

इस पृथ्वी पर एक ऐसे महामानव का अवतरण होनेवाला है, जो राजकुँवर होता हुआ भी आजीवन अरण्यवास करेगा। उसका लक्ष्य होगा—पूरी जगती में पापियों का सर्वनाश और ऋषि-मुनियों की रक्षा! उसके शरीर बल और मनोबल की वृद्धि के लिए ही महर्षि विश्वामित्र अपनी यज्ञ-रक्षा में उसे प्रयुक्त करेंगे। वे उचित समय पर दिव्यास्त्रों का प्रशिक्षण देंगे, ताकि

श्रीराम पूरी जगती की रक्षा कर सकें।

अरण्यवास करेंगे? पितृव्य, यदि ऐसी बात है तो क्या वे कभी हमारे इस दंडकारण्य की ओर भी पग धरेंगे… ?

अवश्य! मैं ही क्यों, इस दंडकवन के समस्त निवासी, जीव-जंतु, खग-मृग उस महामानव को देखने की अभिलाषा रखते हैं।

महामानव किसे कहते हैं तात?

जो स्वयं आजन्म दुस्सह पीड़ा झेलकर भी पूरी सृष्टि को सुख पहुँचाने का महान् कर्तव्यभाव लेकर इस धरती पर आया हो, वही महामानव है। उसे ही भूमिपुत्र कहते हैं। तभी तो हम तपोव्रती परमात्मा से अहर्निश यही प्रार्थना करते हैं कि जो कुछ कल्याणमय हो, वह सन्निकट रहे, जिसमें विकार हो, अशुभता हो, उसे हमसे दूर ही रहना चाहिए।

किंतु आर्य, आप जिन्हें महामानव कहकर संबोधित कर रहे हैं, उनका स्वरूप कैसा होगा?

कभी अपनी अंतश्चेतना में देखने का प्रयत्न करता हूँ तो आभासित होता है—

कोटि-कोटि सूर्य-चंद्र ग्रह निकर को पराभूत करनेवाली मुख छवि, सत्य तो यह है कि अंतर्भाव जितने निर्मल, जितने उदात्त होंगे, ईश्वर का रूप उतना ही विराट् होगा।

श्री रघुनंदन को महर्षि विश्वामित्र ने दो विद्याएँ प्रदान की हैं—बला और अतिबला। गुरुवर कहते हैं—शरीर बल और आत्मबल दोनों में सतत अभिवृद्धि के लिए इन दोनों शक्ति-स्रोतों का होना अनिवार्य है।

रोमहर्षिणी विचारमग्न हो गई थीं—

लोपा ने हँसकर पुत्री का मस्तक चूम लिया था—आर्य सुतीक्ष्ण, इसके सभी सुलक्षण अपने पिताश्री पर गए हैं। ऐसा प्रतीत होता है कि हमारी ऋषिका पुनः किसी गहरे अंतर्द्वंद्व से उबरना चाहती है। मैं आपके लिए फलाहार की

व्यवस्था करती हूँ, तब तक आप दोनों···

मेरी जिज्ञासा को अन्यथा नहीं लेंगे आर्य···? क्या ये दोनों शक्तियाँ स्त्रियाँ धारण नहीं कर सकतीं, क्या हम इसके योग्य नहीं···?

क्यों नहीं पुत्री···! स्मरण रहे, हमारी सनातन चिंतनधारा में स्त्री चिरवंदनीया है। माता, जाया, पुत्री अथवा जितने भी पवित्र संबंध इस जगती में विदित हैं, उनके मूल में यही अवधारणा है। स्त्रीजाति हमारी आर्य संस्कृति के उत्कर्ष का मूलाधार है। अतएव, उसकी शिक्षा-दीक्षा भी समान रूप से होनी चाहिए। इस ऋषिकुल में कितनी ही महिमामयी स्त्रियाँ हैं, जिनकी विलक्षणता युद्धकाल में देखी गई है। विश्वावरा ने स्त्री होते हुए भी ऋत्विज के कर्तव्य का भली-भाँति निर्वहण किया है। इंद्रसेना, विश्पला आदि स्त्रियों ने दस्युओं, असुरों के साथ युद्ध करके उन्हें पराजित किया। आर्या लोपामुद्रा, तुम्हारी जननी, अपने भव्य गुणों में कहीं से भी न्यून नहीं है न! उन्हें दिव्य अस्त्र-शस्त्रों का पूर्ण परिज्ञान है। तुम उनसे पूर्ण परिज्ञान प्राप्त कर रही हो···। सब प्रकार की शक्ति से समन्वित होते हुए भी स्त्री का धैर्य, सहिष्णु भाव उसे पुरुष के समकक्ष ही नहीं, उससे महान् भी सिद्ध करता है। स्वाभाविक है कि बल-अतिबल की अधिकारिणी स्त्री भी है। शरीर की भिन्नता भले हो, पर जीवात्मा तो भिन्न नहीं है न···!

अगस्त्य कब से खड़े यह संवाद सुन रहे थे—सुतीक्ष्ण, मेरी पुत्री की जिज्ञासा शांत हो गई या···?

सुतीक्ष्ण ने तत्क्षण उठकर गुरुदेव को दंडवत् प्रणाम किया था—

गुरुदेव, मैं तो भगिनी के कुछ प्रश्नों का···

हर्षिणी, तुम्हारे पितृव्य सुतीक्ष्ण ने विश्पला की जो कथा सुनाई, उस इतिवृत्त का प्रत्यक्षदर्शी मैं हूँ। एक छोटे से प्रदेश का राजा खेल बुद्धिमती तथा वीरांगना विश्पला का पति था। शतद्रु नदी के जल को लेकर प्रतिवेशी नृपों के साथ उसका युद्ध हुआ। उन राजाओं ने नदी के जल को अवरुद्ध कर दिया,

ताकि खेल राजा और उसकी प्रजा को सिंचाई के लिए जल का नितांत अभाव हो जाए और वहाँ की कृषि व्यवस्था पूरी तरह छिन्न-भिन्न हो जाए। परस्पर संधिवार्ता से भी कोई बात नहीं बनी। राज्य के लोगों ने नवविवाहिता विश्पला को कुलक्षण युक्त कहकर उसकी भर्त्सना प्रारंभ कर दी। तब वह स्त्री तुम्हारी जननी के पास आई।

आगे का वृत्तांत लोपा ने पूरा किया था। राजरानी विश्पला ने हमारे आश्रम से बहुत दूर अपनी शिविका छोड़ दी थी और पैदल ही तुम्हारे पिताश्री से अपनी वेदना के उपचार की याचना करने आई थीं। उन्होंने अपने पति की अदूरदर्शिता की ओर संकेत करते हुए पूरी घटना सुनाई। मैंने तुम्हारे पिताश्री से निवेदन किया। जानती हो पुत्री, विश्पला और उसकी सभी बहनों की उचित शिक्षा-दीक्षा माता-पिता ने दी। उसे युद्धनीति का श्रेष्ठ ज्ञान है। उसकी सभी बातें सुनकर आर्य अगस्त्य प्रसन्न हुए—

सुनो पुत्री, अपने पति के पराभव का कारण तुम नहीं हो सकती। उसकी अदूरदर्शिता का कारण है, सभी पड़ोसी राजाओं के साथ एक ही बार युद्ध करना। उसकी पराजय के लिए कोई भी तुम्हें दोषी नहीं ठहरा सकता। रणनीति को तुम अच्छी तरह जानती हो। मैं तुम्हारे पति और अन्य राजाओं के बीच संधिवार्त्ता के लिए प्रस्तुत हूँ।

उन राजाओं के अस्वीकार पर तपोवन के मेरे शिष्यों ने धनुष-तूणीर धारण किया और युद्ध के लिए उद्यत हुए। अंततः वे राजागण संधिवार्ता के लिए प्रस्तुत हुए।

यदि विश्पला जैसी स्त्री नहीं होती न, तो उसके पति तथा पूरे राज्य का बचना कठिन था।

हर्षिणी, पुत्री, विश्पला ने तो अपनी एक स्त्री-सेना तैयार की थी—मैंने उसे अस्त्र-शस्त्रों का सहयोग प्रदान किया। तुम्हें भी मनोयोगपूर्वक सर्वविद्या को अधीत करने की दिशा में प्रयास करना होगा।

आपकी आज्ञा शिरोधार्य पिताश्री!

सुतीक्ष्ण ने गुरु के सान्निध्य में अधिक समय व्यतीत किया था। यज्ञशाला के एकांत में दोनों गुरु-शिष्यों की मनभावन वार्त्ता प्रारंभ हुई थी—

गुरुदेव! भगिनी रोमहर्षिणी की तरह मेरे मन में भी कतिपय प्रश्न हैं, प्रश्न नहीं, इसे अपने अबोध मन का अज्ञान मानता हूँ मैं··· !

अगस्त्य ने एक गहरी दृष्टि अपने शिष्य के मुख पर डाली थी—

तुम क्या समझना चाहते हो, इसका अनुमान मैंने लगा लिया है। तुम दशरथ नंदन श्रीराम के अस्तित्व के विषय में गहन चिंतन की भंगिमा में दिखाई दे रहे हो। भक्तियोग की पराकाष्ठा पर पहुँचकर इस प्रकार की विह्वलता का जन्म लेना सहज है। पुत्र, स्मरण रहे, हमारी श्रेष्ठतम संस्कृति यदि मातृरूपा है तो हमारा धर्म हमारे लिए सबसे बड़ा पोषक तत्त्व। जननी, जनक दोनों की ही महनीयता हमारे लिए अकथनीय है। मैं राम को संस्कृति और धर्म दोनों के परिरक्षण के लिए प्रतिबद्ध महामानव के रूप में स्वीकार करता हूँ और इसी रूप में उनका अभिवंदन करने के लिए प्रस्तुत हूँ।

गुरुवर, हमारे आश्रम के दो वटुक अयोध्या नगरी के हैं। उन्हें चारों भाइयों के दर्शन का सैभाग्य प्राप्त हुआ है। विराग बता रहा था—

एक बार उन्हें देखने के बाद अपनी सुध-बुध नहीं रहती। वे कोई दिव्य पुरुष हैं। शिशु के समान सरल उनकी मुसकान, अभयदान देती उनकी दृष्टि, शार्दूल के समान उनकी गति··· । मैं नदी में स्नान करने जा रहा था। वे अपने अनुज लक्ष्मण के साथ पैदल ही भ्रमण कर रहे थे। उन्होंने मेरे निकट आकर मुसकराते हुए पूछा—किस कुल के दीपक हैं, विद्याध्ययन प्रारंभ हो गया!

मैंने अपने पिता का नाम बताते हुए आपके नाम का उल्लेख किया था।

श्रीराम ने अतिशय प्रसन्नता के साथ मस्तक पर हाथ रखा था—

आप अत्यंत भाग्यशाली हैं। सुतीक्ष्ण मुनि के आश्रम के पास ही महर्षि अगस्त्य का तपोवन भी है। मेरी इच्छा है, वहाँ जाकर दंडकवन की शोभा देखूँ

और परम तपस्वियों के दर्शन का लाभ प्राप्त कर सकूँ।

अगस्त्य मुनि ने संपूर्ण श्रद्धा के साथ मन-ही-मन प्रणाम निवेदित किया था—

जिनके स्मरण मात्र से अनुराग, विराग के भाव सम पर आ जाते हैं, अंतश्चेतना शिशुवत् निर्मल हो उठती है, नियति उन्हें भी शास्ति देनेवाली है। उन्हें तो इस दंडकवन में आना ही है।

चरण वंदन करते हुए सुतीक्ष्ण ने विदा ली थी। सूर्य की सुनहली आभा का विस्तार सरिता की शांत तरंगों को आकाश की दिव्य गरिमा से जोड़ रहा था। अगस्त्य ने स्नान के लिए जाते समय पद्मनाभ को निर्देश दिया था—

यज्ञशाला पूरी तरह सज्जित है न…

गुरुदेव, कुशा, समिधा, स्रुवा, आसन, घृतपात्र, पवित्र जल सबकुछ सहेजकर रख दिया है।

और पुत्र, आज गुरुमाता और गुरुभगिनी दोनों को ही अपनी ओर से आमंत्रित कर लेना।

जी आचार्यवर…

शुभ मंत्र ध्वनि से आश्रम का आकाश निनादित था। वृक्षों पर बैठे विहग ध्यान मग्न। वायु का प्रवाह मद्धिम किंतु मंत्रोच्चार के लय में आबद्ध। नव-वटुकों के स्वर-में-स्वर मिलाकर रोमहर्षिणी गायन कर रही है। यज्ञ धूम ऊपर की ओर उठता हुआ ऋषिकुल में एक अद्‌भुत उत्फुल्लता का भाव भर रहा है।

नित्य यज्ञ की पूर्णाहूति के पश्चात् अगस्त्य ने शिष्यमंडली को संबोधित किया था—

आज का कार्य विभाजन आपको ज्ञात है न! समवेत स्वर ने हामी भरी थी—

जी, आचार्य!

उचित, तो आप पंक्तिबद्ध होकर अपनी-अपनी शाखाओं में विभक्त हो जाएँ, अपने मार्ग पर जाएँ।

पद्मनाभ ने व्यवस्था सँभाली थी—

विराग, तुम अपने बंधुओं को संग लेकर आयुधशाला की ओर जाओ, वहाँ सुधैर्य ऋषि तुम्हारे दल को प्रशिक्षण देने के लिए प्रस्तुत हैं। और अग्निध्वज, तुम अपनी टोली के साथ कृषि क्षेत्र की ओर प्रस्थान करो। धान्य के बीच क्यारियों को परिष्कृत करते हुए सिंचन की प्रक्रिया पूरी करनी है।

मरुत्, तुम वैद्यशाला की सुध लो, गुरुदेव स्वयं आप लोगों की सुध लेंगे। आज किसी नवीन नक्षत्र के विषय में आप लोगों को ज्ञान देंगे। और मैं पद्मनाभ! आज मेरी भूमिका क्या होगी?

आज तुम्हें अश्वशाला का प्रबंध देखना होगा। कोई भी अश्व अस्वस्थ तो नहीं है न, सबके आहार की व्यवस्था कैसी है?

हर्षिणी, तुम अपनी माता के साथ पितामही के कक्ष में चलो। अतिथि-कक्ष में कतिपय महात्मा मेरी प्रतीक्षा कर रहे हैं। उनसे संभाषण करने के पश्चात् मैं भी माता के पास ही आऊँगा।

किंतु तात, आप तो कह रहे थे कि आज संध्याकाल हम सब आपके व्याख्यान-कक्ष में एकत्र होंगे और आप हमें रामकथा सुनाएँगे…!

सच, आपके मुख से श्रीराम की कथा सुनने का आनंद ही दूसरा होगा।

हाँ पुत्री, किंतु संध्याकाल में अभी विलंब है न…! तुम्हारी पितामही को वार्धक्य की वेदना है। वे अधिक दूर तक चल नहीं पाएँगी न…! इसलिए तो उनसे पूछकर उनके लिए कोई प्रबंध भी करना होगा।

विशाला माँ के लिए शिविका की व्यवस्था की गई थी। स्वयं अगस्त्य और लोपामुद्रा शिविका के साथ-साथ चल रहे थे—

पुत्र, तुम तो तीव्र गाति से चलने के अभ्यासी हो, मेरी शिविका की गति से क्या··· ? तुम और लोपा आगे चलो, तुम्हारी शिष्यमंडली है न···, ये सब पुत्र मेरे साथ हैं।

लोपा ने मुसकराते हुए कहा था—माते, आपका पुत्र तनिक अवकाश पाते ही आपके संग-साथ के लिए लालायित रहता है।

तुम भाग्यशालिनी हो पुत्री और मैं भी···! निर्जन वन में तप करते हुए मैंने अग को प्राप्त किया था, एक अबोध बालक के रूप में···भूख-प्यास से व्याकुल बालक को लेकर मैं अपने कुटीर में गई। पुनः सभी तपोवनवासियों को बुलाया, उनसे पृच्छा की। कोई भी उचित तरीके से कुछ बता नहीं पाया। असुरों के साथ युद्ध में मेरे पति स्वर्गवासी हुए थे। मेरी अपनी कोई भी संतान नहीं थी··· उसी दिन से पुत्र रूप में इसे प्राप्त किया था। इसका प्रेम हम दोनों के प्रति अगाध है लोपे···

मृगी की तरह कुलाँचे भरती रोमहर्षिणी शिविका के निकट आ गई थी—

पितामही, किसके अगाध प्रेम की बात कह रही हैं आप?

लोपे, हर्षिणी भी तो उसके ममत्व की अधिकारिणी है न···!

अच्छा, मैं समझ गई, आप दोनों पिताश्री के विषय में वार्त्तालाप कर रही हैं न···, एक बात बताऊँ माते! कल मध्याह्न वेला में अपने अध्ययन-कक्ष में बैठे वे कोई नई रचना कर रहे थे, तब मैं दबे पाँव वहाँ गई थी। उनके नेत्रों में अश्रु थे। मैं बहुत व्यथित हुई। उनके अश्रु पोंछकर मैंने उनसे विनय की थी—पिता, आपकी पीड़ा का कारण मुझे बताएँ। यदि किसी ने आघात पहुँचाया हो तो मेरी असिधार तीव्र है। आप आदेश करें···।

जानती हैं पितामही, उन्हें आपके स्वास्थ्य की अधिक चिंता है। आपके पैरों की दुर्बलता के विषय में बातें करते दुःखी हो गए थे वे···

जानती हूँ पुत्री, पर्वत को भी विनत कर देनेवाला मेरा पुत्र कितना भावप्रवण है, मैं अच्छी तरह जानती हूँ। तुमने उचित किया, जो मुझे बता दिया। मैं समझाऊँगी उसे।

ऊँची वेदिका पर मूँज की बनी शीतलपाटी और उस पर धरा हुआ कुश आसन··· रुद्राक्ष और स्फटिक की बनी सुंदर माला महर्षि की ग्रीवा में सुशोभित!

कटि प्रदेश से आबद्ध वल्कल उनके व्यक्तित्व के गरिमा-बोध को द्विगुणित कर रहा था। व्याख्यान-कक्ष के समीप, विशाल वटवृक्ष के नीचे विशाला माँ की शिविका रखी गई थी—अपनी प्रलंब भुजाओं में माता को समेटकर वे सबसे आगे व्याख्यान कक्ष की ओर बढ़ गए थे। पद्मनाभ, सुतीक्ष्ण, उद्दालक, गोपालक गुरुवर को श्रद्धा सहित आसन तक ले गए थे। आरती, वंदन के पश्चात् सबने शंखध्वनि से गुरु को अभ्यर्थना की थी। श्वेत रेशमी वस्त्र में आच्छादित विशाला माँ एक ऊँचे आसन पर विराजमान थीं—

महर्षि ने प्रथम उद्बोधन के साथ इतिवृत्त का आरंभ किया था—

जीवन देनेवाली जननी से वियुक्त होकर तपोव्रती बनने की बुभुक्षा लिये कानन-कानन विचरण कर रहा था मैं। प्रारब्ध मुझे विशाला माँ के अंचल की छाया देने के लिए मेरे समक्ष था। कहाँ काशी का भागीरथी तट और कहाँ यह दंडकारण्य···! इस तपोवन में मेरा इतर जन्म हुआ। शरीर बल, चेतना का बल, आत्मविद्या, परा-अपरा विद्या की प्राप्ति ऐसे ही नहीं होती। व्यक्ति सत्ता के निर्माण में सबसे पहले मातृसत्ता का योगदान होता है। समाज की धुरी स्त्री है। वह माता ही है जो सात्त्विकता का परिवेश रचती है। जिस प्रकार मेघ समग्र धरती को मधुरस के आप्लावन से अमृतमयी बनाते हैं, जिस प्रकार मरुत्गण अपने रथ पर सवार इंद्र के संदेशवाहकों को अंतरिक्ष से धरती की ओर भेजते है और हमारे यज्ञ धूम को व्योम मंडल की ओर ले जाते हैं, ठीक उसी प्रकार हमारे जीवन यज्ञ की प्रथम समिधा माता बनती है। पृथ्वी और आकाश, समुद्र और सूर्य, अंतरिक्ष के समस्त ग्रह, नक्षत्र-मातृभूमि शक्ति के बिना किसी की उद्भावना संभव नहीं। अतएव, मैं सर्वप्रथम अपनी विशाला माता का नमन करता हूँ।

मैं आभार नत हूँ, आप सब की गुरुमाता, मेरी भार्या लोपामुद्रा के प्रति··· । मेरी तपश्चर्या में इस सिद्धयोगिनी की बड़ी महनीयता है। राजसी परिधान ही नहीं, समस्त राजवैभव का सहर्ष परित्याग कर इन्होंने सहर्ष चीवर धारण किया और मेरे सृजन धर्म को सार्थक किया, मैं इनके प्रति भी स्नेह समादर भाव से विनत हूँ।

वटुक गण, आज की इस समवेत सभा में पूरा तपोवन एकत्र है। आप लोगों के तेजोमय स्वरूप को देखकर ऐसी अनुभूति हो रही है जैसे मेरी समस्त सिद्धियाँ मूर्तिमान होकर मेरे समक्ष प्रकट हैं। मैं आपके जननी, जनक को भी साधुवाद देना चाहता हूँ, जिन्होंने मेरे प्रति पूरी आस्था रखते हुए आपकी शिक्षा–दीक्षा का, आपके सर्वांगीण विकास का महत्तर दायित्व मुझे सौंपा है।

मैं इस भूमि का ऋणी हूँ, जिसकी अपार वत्सलता से ही इस वृहत् तपोवन का, आपके प्रिय गुरुकुल का निर्माण संभव हुआ है।

युग परिवर्तन का स्वर प्रतिध्वनित होने लगा है। आवश्यकता इस बात की है कि पूरे विश्व में भारतीय संस्कृति का पुरुषार्थ गुंजायमान हो। गंगोत्री से फूटती हुई गंगा की निर्मल धारा की भाँति मानवीय सद्गुणों का प्रवाह पूरी संसृति को आप्यायित करे। ऋषि कुल का तप सार्थक करनेवाले उस श्रेष्ठ मानव का अवतरण हो चुका है।

□

ऋषि अगस्त्य कथावाचक की भाव भंगिमा में थे। उनकी वाणी राष्ट्र की प्राण शिरा गंगा की सहोदरा पावन सरयू के तट पर पहुँचकर सनातन सत्य, शक्ति और शील के साथ एकात्म हो चुकी थी।

नृप दशरथ द्वारा अयोध्या नगरी के राजगुरु वसिष्ठ का आह्वान— सकल वैभव है, किंतु संतान वैभव नहीं। प्रयत्न क्या हो··· ? समस्त देवगणों को प्रसन्न करने के लिए यज्ञ का विधान रचना होगा। अयोध्या के भाग्य जगें, ईक्ष्वाकु वंश सनाथ हो, इसके लिए अश्वमेघ यज्ञ का अनुष्ठान आवश्यक होगा।

श्रेष्ठ विप्रगण, ऋषि, महर्षि, वेद शास्त्र के सुविज्ञ उस यज्ञ में आंमत्रित थे। मेरा परामर्श उस राजसभा को स्वीकार्य था—

आर्य हो अथवा आर्येत्तर, कोई भी मनुष्य, यदि वह शास्त्रविहित, धर्मानुकूल आचरण करता हो तो उस यज्ञ में उसकी भी भागीदारी अनिवार्य रूप से सुनिश्चित होनी चाहिए। यज्ञ कर्म के संपादन का भार ऋष्टा शृंग ऋषि को सौंपा गया था। अंगदेश से ऋषि सम्मानपूर्वक अयोध्या बुलाए गए थे। वासंति के नवरात्र की शुभ वेला में सरयू तट पर विशाल यज्ञवेदी का निर्माण हुआ और वेदन ऋत्विजों ने निर्विघ्न उस यज्ञ को पूरा किया था। यज्ञ में बिना किसी वर्णभेद के सभी मनुष्यों को आमंत्रित किया गया था। उस आयोजन में सामगान की मधुरलय के साथ सगस्त देवताओं का आवाहन किया गया था। वेदों के स्वाध्यायी ब्राह्मणों को गौएँ और स्वर्ण, रजत मुद्राएँ देकर राजा दशरथ ने अपना कर्तव्य पालन किया। तदुपरांत पुत्रयेष्टि यज्ञ।

और तब समस्त देवगण, ऋषिगण का अभिलषित पूर्ण करने के लिए राम इस धरती पर आए।

परवर्ती कथा सुनने के लिए तपोवन निवासियों का औत्सुक्य पूर्ण जाग्रत् था।

रोमहर्षिणी ने धीरे से अपनी शंका का समाधान चाहा था—श्रीराम ने भी गुरुकुल में ही शिक्षा ग्रहण की?

हाँ वत्सा, मेरे भ्राता वसिष्ठ ऋषि ने चारों भाइयों को वेद-शास्त्र की विधिवत् शिक्षा प्रदान की। राम शस्त्रज्ञ भी हैं। उनका विद्याध्ययन श्रेष्ठ कोटि का है। वे मनस्वी हैं।

कथा के एक अंश की पूर्णाहुति करने के पश्चात् उन्होंने विद्याध्यायी वटुकों को संबोधित किया था—आपमें से कोई भी कुछ जिज्ञासा रखते हों तो··· रोमहर्षिता शिष्या तो लोपामुद्रा की थी, किंतु गुरुकुल के परिवेश में वह अपने पिता को आचार्यश्री कहा करती थी। उसकी जिज्ञासा अनंत थी—

आचार्य श्री, कथा के प्रसंग में आपने एक वाक्य कहा था—श्रीराम ने सकल विद्याएँ त्वरित प्राप्त कर ली थीं। मेरे मन में एक निजी आशंका… पूछो, निस्संकोच पूछ लो। भ्राता पद्मनाभ, आरुणि उद्दालक और मैं भी तो… हम दिन-रात पाठ का स्मरण करते रहते हैं लेकिन कुछ-न-कुछ विस्मृत हो ही जाता है। गोपालक अश्वगंधा का मूल उठा लाया था। उसने बताया, इसका सेवन करने से स्मरण शक्ति तीव्र हो सकती है। पर व्यर्थ, ऐसा कुछ भी नहीं हुआ। तो अब आप कृपा करके यह बताएँ कि श्रीराम जैसी विलक्षण बुद्धि किस प्रकार प्राप्त की जा सकती है?

महर्षि अपनी मुसकान छिपा नहीं सके थे—श्रीराम की महनीयता असाधारण है। ज्ञाता, ज्ञान, ज्ञेय, कर्ता, कारण, क्रिया-जिनसे द्रष्टा, दर्शन, दृश्य सबकुछ हैं, जिनसे सब लोकों में परम उल्लास का स्फुरण होता है, वे संपूर्ण चिन्मय पूर्ण ब्रह्म का अंश हैं। हम उनका अनुसरण कर सकते हैं, उनकी समता नहीं कर सकते।

पद्मनाभ श्रद्धाविनत था—गुरुवर, कथा तो यह भी है कि श्री विष्णु ने ऋषियों का शाप स्वीकार किया था, अतएव उन्हें मनुष्य रूप धारण करना पड़ा था। भृगु मुनि, सनत्कुमार जैसे ऋषिगण इस अवतार का प्रयोजन बने।

अगस्त्य ने गंभीरतापूर्वक उत्तर दिया था—सुतीक्ष्ण भी इसी प्रकार के प्रश्न पूछा करते हैं। अस्तु, आप सब मेरी बात ध्यान से सुनें—क्रोध की विफलता ही राम के जन्म का प्रयोजन बनती है। ब्रह्माजी के लोक में पधारे थे श्री विष्णु।

सनत्कुमारों ने उनकी अभ्यर्थना करना उचित नहीं मानते हुए अपने अहंभाव का परिचय दिया था। विष्णु ने कहा—निष्कामता और अहमन्यता परस्पर विरोधी भाव हैं। आपकी अहमन्यता तभी दूर होगी, जब आप पृथ्वी लोक में जाकर नया कलेवर धारण करेंगे। सामान्य मनुष्यों की तरह आप अपनी सर्वज्ञ वृत्ति को विस्मृत करेंगे। तदनंतर उन ऋषिकुमारों ने भी विष्णु को यही शाप दे डाला। इस कथा का मर्म समझने का प्रयत्न करना होगा।

जो सनातन है, वह न कभी उत्पन्न हुआ, न कभी मृत्यु को प्राप्त हो सकता है!

राम ने अल्प वय में ही संपूर्ण भूमंडल की परिक्रमा पूर्ण की थी। उन्हें भलीभाँति ज्ञात था—एक सुनिश्चित अवधि में ही आसुरी शक्तियों के विनाश का उनका प्रण पूरा हो सकता है। वे यह भी जानते थे कि शाप के व्याज से मनुजत्व की श्रेष्ठता को प्रमाणित करना उनका लक्ष्य होगा। शाप की तप्तता वरदान की सुकोमलता में परिणत हो सकती है, इसका प्रत्यक्ष प्रमाण महाशक्तियों का इस वसुंधरा पर अवतरण ही तो है।

पुत्र, रामावतार के पीछे भारत राष्ट्र की आध्यात्मिक संस्कृति का बड़ा संकल्प है। रही बात विलक्षण बुद्धि को प्राप्त करने की, तो सात्त्विक कर्म, प्रोज्ज्वल धर्म और मनोयोगपूर्वक निरंतर अभ्यास से बुद्धि की तीव्रता भी बढ़ती है और पुरुषार्थ भी सिद्ध होता है। इसलिए इस सत्य को यथासंभव शीघ्र समझ लेना हम सबके लिए सर्वथा उचित होगा कि दशरथ तनय श्रीराम की सत्ता में विज्ञान, अविज्ञान, दृश्य, अदृश्य, जगत्, विद्या, अविद्या सबकुछ समाहित हैं।

अगस्त्य जानते थे लंकापति रावण जैसे दुर्द्धर्ष अहंकारी का अंत इतनी सहजता से नहीं होनेवाला था। उसकी अहंभावना अनाचार की समस्त सीमाओं का अतिक्रमण कर चुकी थी। उसका विनाश अत्यावश्यक था।

सभा का समापन स्वस्तिपाठ से हुआ था।

□

लोपामुद्रा विचारमग्न थीं।

'ललिता सहस्रनाम' स्तोत्र की उपासना के लिए उन्हें अत्यावश्यक सामग्री एकत्र करनी थी। विशाला माँ की निरोगता के लिए भी उन्होंने अनुष्ठान प्रारंभ किया था। उन्होंने रोमहर्षिणी के समक्ष अपनी भावना व्यक्त की थी—

पुत्री, हमें शीघ्र चलना होगा। तुम पितामही की शिविका के साथ चलो,

मैं कुछ सामग्रियाँ साथ लेकर आगे बढ़ती हूँ। कल पूर्णिमा तिथि है। कतिपय कार्य सूर्योदय के पूर्व ही संपन्न करने हैं।

ललिता देवी के पंच मुख उनके पाँच स्वरूप···।

श्री का उपासक ही इस मंत्र को प्राप्त करने का अधिकारी हो सकता था।

लाल वस्त्र, लाल आसन सम्मुख श्री यंत्र और देवी का भव्य स्वरूप।

मार्कंडेय ऋषि ने अगस्त्य को उस गोपन विद्या का रहस्य बताया था। स्वयं भगवान् हयग्रीव ने भी उन्हें यह ज्ञान प्रदान किया था। अपने पिता के घर में कैशोर्यावस्था से ही लोपा ने महात्रिपुर सुंदरी को अपनी आराध्या मानकर उनकी ऐकांतिक साधना प्रारंभ की थी।

वह पूर्णिमा का दिन था और रोमहर्षिणी का जन्मदिवस भी! कुटीर में पहुँचते ही उन्होंने सबसे पहले अपने विशेष अनुष्ठान की तैयारी प्रारंभ कर दी थी। समक्ष रखा धीमा प्रकाश फैलाता हुआ घृतदीपक, साधना कक्ष में ईशान कोण से प्रसारित होता प्रकाश वृत्त! सद्यः स्नाता लोपा ध्यानमग्न सिद्ध योगिनी बनी अजपा जप कर रही थीं—माता के सहस्रनाम!

प्रत्येक नाम की सुंदर महिमा किसी भी मंत्र के समान अलौकिक। न जाने कितने ऋषि-मुनियों ने सोलह कलाओं से युक्त श्री ललिता देवी को प्रसन्न करने के लिए कठोर तप किया!

ध्यानस्थ लोपा अदृश्य लोक की यात्रा पर थीं···

सिन्धुरारुण विग्रहां त्रिनयनां माणिक्य

तारा नायक शेरवरां स्मित मुखी मापीन वक्षोरुहाम्

माता के सहस्त्र नाम, प्रत्यके नाम जप का अविस्मरणीय प्रभाव! इस विश्व में जहाँ भी सात्त्विक सौंदर्य है, प्रकृति के किसी भी तत्त्व में, जड़-चेतन-सर्वत्र इस महाविद्या का प्रभाव परिलक्षित होता है।

लोपामुद्रा के कंठ से स्वतः सुंदर स्तोत्र का स्फुरण हुआ था—माँ, वीरगोष्ठी को सुशोभित करनेवाली, सर्व आरोग्य प्रदायिनी हो तुम, हे व्योमकेशिनी, मेरे पति को अतुल बल, विद्या तुम्हीं से प्राप्त है। वांछित वर देनेवाली राजराजेश्वरी माता, मेरी पुत्री रोमहर्षिणी का कल्याण करो, मातृरूपा विशाला माँ को रोग-मुक्त करो माँ···। मेरे गर्भस्थ शिशु की रक्षा करो जगज्जननी!

अगस्त्य ने धीरे से साधना कक्ष का पट खोला था—

लोपे,

त्रिपुर सुंदरी आदिशक्ति की कृपा से आज तुम्हारे मुख पर एक दिव्य आभा देख रहा हूँ। किस वांछित की प्रार्थना कर रही थीं?

लोपामुद्रा प्रसन्नवदना थीं—आर्य, पुत्री रोमहर्षिणी के लिए, विशाला माँ के लिए देवी से आशीर्वचन माँग रही थी।

और कुछ भी नहीं··· ?

नहीं तो···

लोपे, मुझसे ही गोपन रखना चाहती हैं? सत्य कहें, आपकी कुक्षि में जो जीवात्मा है, क्या उसके लिए आपने कुछ भी नहीं माँगा?

हे प्रभु, सचमुच अंतर्यामी हैं ये ऋषिकल्प दंडनाल पर झुके हुए पीतकमल की तरह प्रणत मुख वे पति की भुजाओं में समा गई थीं—

भावी पुत्र की जननी, मुझे थोड़ा आहार देंगी क्या? विद्याकुटीर में मेरे अंतेवासी प्रतीक्षारत होंगे।

अवश्य आर्य, आप रोमहर्षिणी को लेकर शीघ्र पाकशाला में आ जाएँ। मैं सत्वर आई।

आहा, आज तो अपूप बने हैं! हर्षिणी, पुत्री, वह बड़ा कसोरा, यहाँ मेरे निकट रखना। लोपे, विशाला माँ वाली पायस भी तो है न··· ?

धैर्यपूर्वक व्यंजनों का आस्वाद लेते हुए ऋषिवर प्रमुदित थे—

लोपे, आज मेरा आनंद द्विगुणित है। आपने यह संवाद विशाला माँ को सुनाया न?

लोपा के कपोल लज्जारुण हो उठे थे—आर्य, पुत्री समक्ष है।

तो क्या हुआ? पुत्री को भी यह शुभ संवाद जानने का अधिकार है। हर्षिणी, मेरे निकट आओ पुत्री···!

उन्होंने दुहिता के मस्तक पर हाथ रखा था—पुत्री, तुम कहा करती हो न, कोमला का, सुकन्या और साध्वी का, प्रत्येक कन्या का एक-एक लघु भ्राता है, तो अब तुम्हारा भी एक संगी आनेवाला है।

सत्य पिताश्री···?

सत्य···

कब आएगा मेरा भ्राता, मेरा अनुज···? माते, आप बताएँगी क्या?

तुम्हारी पिताश्री भविष्यद्रष्टा ठहरे, वे ही सुनिश्चित मुहूर्त बता सकेंग न, मैं किस प्रकार···?

थोड़ा समय शेष है, मैं बताऊँगा।

रोमहर्षिणी का उल्लास अपने चरम पर था—वह मुझ जैसा होगा क्या?

नहीं-नहीं, वह बहुत सुंदर होगा, श्रीराम जैसा। वह हमारे तपोवन का राम होगा। मैं उसका नामकरण करूँगी—राम।

वह अपनी रूपाकृति में जैसा भी हो, किंतु उसे दृढ़निश्चयी होना होगा, बिल्कुल तुम्हारी माता की तरह···

हाँ, और पिताश्री, उसको आपकी तरह शौर्यवान भी होना होगा···। अच्छा, अब मैं पितामही के पास जाती हूँ। वहाँ कोमला दीदी, सुकेशी दीदी और सुकन्या भी तो होंगी न···! उन्हें यह सुंदर वार्त्ता सुनानी है।

□

अगस्त्य का ध्यान पुनः श्रीराम की ओर लग गया था।

नहीं, सुदूर यात्राओं का कार्यक्रम टाल देना ही उचित होगा। अयोध्यापुरी का घटनायोग तीव्रता से परिवर्तित हो रहा है। सिद्धाश्रम के कुछ संन्यासी दक्षिण यात्रा के संदर्भ में उनके पास आए थे। वहाँ ऋषियों का जीवन दुर्वह होता जा रहा है। यक्ष कन्या ताड़का जब से सुंद दैत्य की भार्या बनी है, उसमें आसुरी वृत्तियों का भयंकर समावेश हो चुका है। मनुष्य के कलेवर में हिंसा, वासना, क्रोध, कपट के कुसंस्कारों का प्रवेश होने लगे, तब मनुजता का स्वतः लोप होता चला जाता है। मैंने सुंद का वध किया, उसके हिंस्र कर्मों ने ही उसे मृत्यु के मुख में डाला। मेरे आश्रम के ऋषिकुमारों को भयकंपित करनेवाला, पशुधन तथा मनुष्यों को आहार बनाने वाला सुंद परम अंहकारी हो चुका था। मेरे एक तीक्ष्ण शर ने उसे यमलोक पहुँचाया। अब उसकी पत्नी ताड़का अपने पुत्र मारीच के साथ सिद्धाश्रम के निकटवर्ती निर्जन वन में वास करने लगी है। महर्षि विश्वामित्र अपनी यज्ञशाला आदि की सुरक्षा के लिए विशेष रूप से चिंताग्रस्त हैं। सुना है, वे शीघ्र ही अवधपुरी जाने का मन बना रहे हैं।

□

ऋग्वेद के दशम मंडल का विश्लेषण चल रहा था। विद्याकुटीर में अद्‍भुत शांति थी। आचार्य पीठिका पर विराजमान अगस्त्य औषधियों का वैज्ञानिक विवेचन प्रस्तुत कर रहे थे—

ओषधीः प्रतिमोदध्वं``पुष्पवती प्रसूवरीः।

अथवाइव सजित्वरीर्वीरूधः पारयिषदावः॥

सुंदर पुष्पों से परिपूर्ण, सुमधुर फलों से युक्त अत्यंत शक्तिशालिनी, आरोग्य प्रदान करनेवाली वल्लरियों का मनुष्य के जीवन में बड़ा महत्त्व है।

वत्स, आप सबको औषधि विज्ञान से सुपरिचित होना होगा और महर्षि

के द्वारा दृष्ट इन शब्दों को अपने स्पंदन में बसाना होगा। जिस प्रकार जननी अपना दूध पिलाकर शिशु का संवर्द्धन करती है, उसे सबल बनाती है, उसी प्रकार औषधियाँ भी माता बनकर हमें आरोग्य सुख प्रदान करती हैं। सूर्य के प्रकाश से इन्हें ऊर्जा मिलती है और शीतल ज्योत्स्ना इनकी रसवत्ता में वृद्धि करती है। संपूर्ण पृथ्वी ही इस विशाल वनस्पति का संसार रचनेवाली है। अतएव, प्रकृति के विपरीत जाने का अर्थ है, अपने शरीर और चेतन प्राण तत्त्व को विकृतियों के मुख में जाने का कुअवसर देना।

इसलिए सुनो, हे अंतेवासियो! यह पृथ्वी माँ और आकाश—दोनों ही हम मनुष्यों को समस्त शक्तियाँ देनेवाले हैं। अनेक रूपाकृतियाँ धारण करनेवाले, निस्सीम बल वाले, धरती, व्योम की हम उपासना करते हैं, इनके आश्रय में ही समस्त जीवों को परिरक्षण प्राप्त होता है।

आज का पाठ यहीं तक…।

अब तुम सब जाओ और अन्न देवता का स्मरण करो। सांध्य वंदन के पश्चात् अन्न देव की स्तुति होगी। जिन वटुकों को अन्न का आस्वाद सर्वाधिक प्रिय है, वे अग्रिम पंक्ति में विराजमान होंगे। उद्दालक, गोपालक आप दोनों विशेष रूप से—

वेद कक्ष में एक दबी हुई हँसी की हिलोर उमड़ पड़ी थी। लोपा अच्छी तरह जानती थीं, तभी दोनों बालकों को अपने कुटीर में बुलातीं, यव शर्करा मिश्रित दूध का कसोरा थमा देतीं—

वृहद् पाकशाला का भोजन अपने स्थान पर, यह तुम्हारी लोपा माँ, गुरुमाता की ओर से प्रस्तुत मधुर व्यंजन है। तुम्हारे गुरुदेव और गुरुबहन हर्षिणी को भी इसका आस्वाद प्रिय है।

अच्छा उद्दालक, एक बात बताओ वत्स, तुम्हारे गुरुदेव शिक्षण में अधिक कठोरता तो नहीं बरतते न… ?

नहीं माते, उनका अनुशासन पितृभाव से पूरित होता है। वे ईक्षु की तरह

अंतर्मन के अत्यंत सरस हैं। पावस की अमृत धारा की तरह उनके शब्द आत्मा की गहराई में उतरते चले जाते हैं।

लोपा मधुर तोष से भर उठी थीं, उन्हें ज्ञात था, उनके पति सर्वभावेन समर्थ पुरुष थे, अद्भुत संयम और सम्मोहक संतुलन···। उनकी अनुकूलता में ही मेरी भी अनुकूलता है। देवगण उनकी रक्षा करें!

उनके गर्भ में स्थित जीव की अविरल अभिवृद्धि हो रही थी। अगस्त्य ने अश्विनी कुमारों को आवाहित करते हुए विशेष मंत्र रचे थे—

एष वां स्तोमो अश्विनावकारि···

अश्विनी कुमार, आप दोनों का हमारे कुटुंब, हमारे जीवन में स्वागत है। उन्होंने अग्निदेव की अभ्यर्थना की—यज्ञ भूमि में हव्य सामग्री के रूप में प्रदत्त अन्न को परम ऐश्वर्यशाली अग्निदेव मरुत् के रथ पर सवार होकर देवलोक में ले जाते हैं। पावक द्वारा ग्रहण किए गए उस अन्न, उस वनस्पति के कोष में उत्तरोत्तर वृद्धि होती है और विकार रहित अन्न ही हमें सात्त्विक पोषण देता है। इसी प्रकार बुद्धि को सन्मार्ग पर ले जानेवाले वृहस्पति भी मनुष्यों की असीम श्रद्धा के पात्र हैं। जो मनुष्य श्रेष्ठ मार्ग के अनुगामी होते हैं और जिन्हें लौकिक वैभव का अहंकार नहीं होता, उन्हें ही सत्य ज्ञान की प्राप्ति बृहस्पति के द्वारा होती है।

ब्रह्ममुहूर्त से लेकर सांध्य वेला तक कर्मयोग का भव्य निदर्शन···। पूरा आश्रम कई शाखाओं में विभाजित था। प्रत्येक शाखा के अलग-अलग संचालन प्रमुख, फिर भी संपूर्ण दाय भार अगस्त्य ऋषि पर!

उन दिनों वे तमिल भाषा का व्याकरण रच रहे थे। उनकी यात्राओं का क्रम निरंतर नूतन प्रयोगों की जगती का निर्माण कर रहा था। आर्यावर्त में ही नहीं, विश्व के सभी प्रमुख स्थानों पर आध्यात्मिक सम्मिलन केंद्रों की स्थापना, ब्रह्मविद्या के आदान-प्रदान के लिए, मनुष्य जाति के सांस्कृतिक उन्नयन के लिए और समस्त मनुजता के विद्यावैभव के उत्कर्ष के लिए भी

यह अत्यावश्यक था। भविष्यद्रष्टा थे ऋषि अगस्त्य! समग्र ऋषि कुल उनके विचारों का समादर करता था—राजसत्ता को ज्ञान विभव के समक्ष विनत होना होगा और ज्ञान का वैश्विक प्रसार हो, इसके लिए समस्त मानवीय चेतना का आह्वान करना होगा। वे अपने भ्राता वसिष्ठ के विचारों का समर्थन करते थे—

तप की ऊर्जा को अंहकार में नहीं परिणत होने दें। बुद्धि का तप विनयशील बनाता है अन्यथा अहमनयता शाप बन जाया करती है।

लोपा का प्रसव समीप था। उन्होंने रोमहर्षिणी को विशाला माँ के पास भेजा था—

पुत्री, पितामही को अपने साथ लिवा लाएगी क्या?

हाँ माते, किंतु आपको कोई कष्ट हो रहा है क्या, आप कहें तो पिताश्री को बुला लाऊँ, वे अपने स्वाध्याय-कक्ष में विराजमान हैं।

नहीं पुत्री, उनकी यहाँ कोई आवश्यकता नहीं। तुम्हारी पितामही आ जाएँगी तो…

किंतु माते, आपकी उदर वेदना का निवारण तो पिताश्री ही करेंगे न…! उनकी औषधिशाला…

हर्षिता, विवाद नहीं करते कन्ये, मुझे औषधि की नहीं, माता की आवश्यकता है। तुम्हारा भ्राता उनकी गोद में प्रथम आश्रय पाएगा।

अच्छा, तो मेरा अनुज आनेवाला है! माते, मैं अभी तीव्र वेग से जाती हूँ। अभी गई और अभी आई।

पुत्री का उतावला स्वर सुनकर अगस्त्य ज्ञान कक्ष से बाहर आ गए थे—

लोपे, वेदना अधिक है क्या?

आर्य, आप अधीर न हों, माता अभी आ जाएँगी।

ऋषि ने त्वरित गति से संपूर्ण व्यवस्था की थी—

बड़े पात्र में उष्ण जल, शिशु के लिए अरीठे में धुले हुए वस्त्र, शहद मिश्रित जल, स्वच्छ ताम्र कुंडिका···। लोपा की वेणी खोलते, उनके केशों को बंधन-मुक्त करते हुए उन्होंने धीरे से भार्या का मस्तक चूम लिया था। स्वस्ति पाठ करते हुए वे कक्ष से बाहर चले गए थे।

विशाला माँ की पगध्वनि उल्लसित थी—

पुत्री, मैं आ गई···।

□

वेदना अधिक है पुत्री?

माते, पिछली बार से कुछ अधिक···

तनिक देखूँ तो···हुँह···, प्रसव आसन्न जान पड़ता है। हर्षिणी, पिताश्री से कहो, शीघ्र सुभगा को बुलावा भेजें।

हर्षिणी की आँखों में अश्रु थे—

मेरी माता ठीक तो है न पितामही···?

हाँ, पुत्री, तेरा अनुज आ रहा है न···!

सुभगा ने आते ही सबकुछ सँभाल लिया था।

वर्षों बाद शिशु रुदन से तपोवन की धरती उमग उठी थी—

पुत्री, इस शिशु के मुख पर तुम्हारी छाप है। देखो तो, कैसे निष्पलक निहार रहा है मुझे! जैसे कोई दृढ़निश्चयी तपोव्रती हो!

अगस्त्य बेटे, इसे अपनी गोद में लो। माते, यह तो सत्य ही लोपा की ही प्रतिकृति है। अरे, मेरी भुजाओं में आते ही यह तो आकुल क्रंदन करने लगा। लोपा ने क्षीण स्वर में परिहास किया था—

यह अभी से भयभीत है। कहीं आप विद्याभवन में ले जाकर व्याकरण का अध्ययन कराना न प्रारंभ कर दें!

अगस्त्य ने धीरे से बालक के मस्तक का स्पर्श किया था और

सावधानीपूर्वक विशाला माँ की गोद में लिटाते हुए भार्या पर स्नेह भरी दृष्टि डाली थी—

लोपे हमारा कुटुंब पूर्ण हुआ।

दृष्टि मिली और नेत्रों के इंगित से ही उत्तर भी प्राप्त हुआ था—हमारा कुटुंब…।

□

राम भक्ति में विह्वल सुतीक्ष्ण मुनि ने अगस्त्य मुनि के दर्शन की अभिलाषा व्यक्त की थी—

ऋषिकुल में एक नए नक्षत्र का उदय हुआ है। गुरुदेव, मैं बालक को देखने और आपका चरणवंदन करने के लिए गुरुकुल में आने की आज्ञा चाहता हूँ।

संदेशवाहक शिष्य प्रसन्न हृदय लौटा था—

गुरुदेव, मैंने बालक को देखा। उसके मुख पर बाल सूर्य का प्रकाश है। उसके नेत्रों में नक्षत्रों की आभा है। विस्मय तो इस बात का है कि किसी बड़े साधक की तरह उसकी दृष्टि देर तक निष्पलक बनी रहती है।

□

और गुरुदेव मैंने ज्येष्ठा माँ के हाथों से बने चणक चूर्ण के मिष्टान्न भी खाए। यह मिष्टान्न पात्र आपके लिए है। महर्षि ने आपको विशेष तौर पर वार्त्तालाप के लिए बुलाया है।

सुतीक्ष्ण परम आनंदित थे—

श्वेत, यह मिष्टान्न अपने सहपाठियों में वितरित कर दो और सुनो, मैं सांध्य वंदन के पूर्व लौट आऊँगा, तब तक आश्रम का दायित्व तुम्हारा…।

सुतीक्ष्ण जब भी अगस्त्य ऋषि के पास आते, नव तापसों का दल उन्हें घेर लेता—

आचार्य, आपको अयोध्या नगरी का कोई समाचार मिला है क्या?

वहाँ दशरथ-पुत्र श्रीराम और उनके भ्राता कुशलपूर्वक तो हैं न? हमारी बड़ी आकांक्षा है एक बार उन्हें देखने की। किंतु···

अगस्त्य ने हँसकर वटुकों को विदा किया था—पुत्रो, हम आश्रमनिवासी हैं।

नगरों की सीमा में अनामंत्रित हमारा प्रवेश उचित नहीं। हमें धैर्य धारण करना होगा। प्रारब्ध की क्रीड़ा को सामान्य मनुष्य कहाँ समझ पाता है! आनंद की अतिशयता पर कब यवनिका पात हो जाए और किस क्षण कोई विपरीत परिस्थिति समक्ष आ खड़ी हो, कोई नहीं जानता न···!

सुतीक्ष्ण की आत्मा अगस्त्य के साथ एक लय थी। वे भलीभाँति गुरु के आप्त वाक्यों का मर्म समझ रहे थे। तब भी, गुरु के मुख से सहज निःसृत वाणी के साथ एकाकार होना चाहते थे वे।

सुतीक्ष्ण, यह कुश आसन लीजिए, आसन ग्रहण कीजिए···।

दोनों के बीच संपूर्ण वार्त्तालाप प्रारंभ हो, इसके पूर्व रोमहर्षिणी एक कसोरिका में पके हुए रसाल ले आई थीं—आर्य, इसे ग्रहण करें और माता ने कहा है, आप भोजन करके ही जाएँगे।

सुतीक्ष्ण संकोच से भरे थे—

पुत्री, आपकी मीठी वाणी से ही मेरा हृदय परिपूर्ण हो जाता है।

मैं उदर की बात कर रही हूँ तात, माता भी आपसे मिलने आएँगी। अभी तो वे दृढ़ को शयन करा रही हैं।

अवश्य, पुत्री हर्षिणी, आप आचार्या से कहें, मैं भी उनसे मिले बिना और शिशु को देखे बिना नहीं जानेवाला।

सुतीक्ष्ण गुरु के सम्मुख नतमुख थे—

अगस्त्य उनकी संवेदना का अत्यधिक सम्मान करते थे—

कुछ पूछना है, कोई प्रश्न मथित कर रहा है?

चेतनता की रसवती भू पर सदविचारों का बीजवपन किया जाए तो संवेदना के अंकुर फूटते हैं। सुतीक्ष्ण आपादमस्तक संवेदना के ओत-प्रोत थे। गुरु अगस्त्य के प्रति प्राणपण से समर्पित! उनके विनयशील मौन की भाषा को वे अच्छी तरह समझ सकते थे—

जलयान पर बैठकर संतरण का सुयोग पाया है न···! स्मरण है, जब हमने द्वीप समूहों की यात्रा के लिए प्रस्थान किया था, आर्य संस्कृति की स्थापना के लिए, ब्रह्म विद्या के प्रसार के लिए! हमारे शिष्यों का दल उत्कंठित था। जलयान निर्विघ्न आगे बढ़ रहा था। मैंने कौतुकवश पूछ लिया था—

जल संतरण में किस-किस ब्रह्मचारी की प्रवीणता है?

आरूण्य ने भयवश मेरी ओर निहारा था—मुझे यह विद्या नहीं आती गुरुदेव, लेकिन आपने ऐसा प्रश्न क्यों किया, क्या कोई विपदा···?

वत्स, तुम्हें तनिक भयभीत होने की आवश्यकता नहीं। समुद्र देव हमारे लिए वंदनीय हैं, वे कोई बाधा नहीं पहुँचा सकते। हम एक महत् लक्ष्य की ओर बढ़ रहे हैं। शुभ सोचो, शुभ ही होगा।

सुतीक्ष्ण ने मुसकुराते हुए वृतांत पूरा किया था—

गुरुदेव, अच्छी तरह स्मरण है। हम कंबोज पहुँच गए थे। वहाँ से यव द्वीप, जिसका नामकरण आपने किया था। हमारा जलयान सामुद्रिक तरंगों की चुनौतियों का सामना करता सहजता से अपने गंतव्य की ओर बढ़ रहा था, तभी एक विशाल मत्स्य अपना मुख खोले यान की दिशा में ही बढ़ता दिखाई दिया था। आरुण्य भयभीत होकर हमारे सन्निकट आ गया था।

बड़े भ्राता, इसकी आकृति साक्षात् मृत्युदेव की तरह प्रतीत हो रही है, यह दैत्य पूरे जलयान को ही अपना ग्रास बनाने के लिए अधीर है।

तब आपने कहा था—

भय नहीं, इस जीव का वध करने से अधिक उचित होगा, हम अपने

जलयान की दिशा परिवर्तित कर दें।

और हम किसी अज्ञात दिशा की ओर तीव्रता से बढ़ने लगे थे। अंधकार होने से पहले हमने तटबंध प्राप्त कर लिया था।

हमने एक नए द्वीप का अन्वेषण किया था।

मुझे उस निर्जन द्वीप पर मनुष्यता के चिह्न आभसित हुए थे और मैंने कहा भी था—कोई भी नवऋषि एकांत में यत्र-तत्र कहीं न जाएँ। सुतीक्ष्ण, मेरे ओदश से तुमने समुद्र तट से किंचित् दूरी पर यज्ञ की सामग्री एकत्र की थी।

सर्वप्रथम अग्निदेव का आवाहन—

ॐ अग्निमीलं पुरोहितं···

हमारे यज्ञ कर्म के संपूर्ण होते ही मानव आकृति के कतिपय जीव हमें घेरते हुए निकट आ गए थे—वे पशु नहीं थे, असुर भी नहीं थे। गहरे श्याम वर्ण के उस द्विपद समूह की मुख मुद्राएँ अत्यंत आक्रामक प्रतीत हो रही थीं।

हाँ, गुरुदेव, एक क्षण के लिए मैं भी भयभीत हो गया था। किंतु आप निर्भय उनके पास गए थे। आप उनके चीत्कार का मर्म समझ गए थे। आपने इंगित किया और वे बिल्कुल शांत हो गए थे।

अगस्त्य मुसकरा उठे थे—

तुम्हारे बंधु आरुण्य को मैंने वहाँ का दाय सौंपा था—

यह द्वीप और यहाँ की संपूर्ण व्यवस्था आज से तुम्हारी! इन्हें ज्ञानवान बनाओ···। अपना आश्रम प्रारंभ करो और आर्य कुल का विस्तार करो! यह संपूर्ण पृथ्वी हमारी माता है और हमारी तरह यहाँ के निवासी भी पृथ्वी माँ की ही संतानें हैं।

वह सुरम्य द्वीप समूह!

आरूण्य, गौरांग और अन्य कर्मयोगी युवा ऋषियों ने मेरा परामर्श

मानकर वहीं अपनी यात्रा को विराम दिया था। मुझे तोष है कि वहाँ हमारी संस्कृति पूरी तरह प्रतिष्ठित हो चुकी है और वहाँ का कृषि कार्य भी अत्यंत उत्तम है। अधुना वहाँ की शत-प्रतिशत जनसंख्या देवभाषा से संस्कारित हो चुकी है। अब वह द्वीप निर्जन नहीं है।

सुतीक्ष्ण ने प्रसन्नतापूर्वक सूचना दी थी—

गुरुदेव आरुण्य का संवादक आया हुआ है। वह आपके दर्शन चाहता है।

कोई विशेष संवाद··· ?

आरुण्य ने संदेश भेजा है—आगामी मार्गशीर्ष शुक्ल पंचमी को वह राजकन्या अरुणिमा का पाणिग्रहण करनेवाला है। इस अवसर पर गुरुमाता, भगिनी रोमहर्षिणी और आपको सानुरोध आमंत्रित कर रहा है।

अगस्त्य ने नेत्र बंद करते हुए स्वस्ति जप किया था—

आरुण्य तुम्हारी तरह ही तीक्ष्ण मेधावाला है। समस्त दैवी शक्तियों का आशीर्वाद उसके साथ है, रहेगा। मैं तुम्हारी गुरुमाता से परामर्श लेकर बताऊँगा।

सांध्य वंदन का काल समीप देख गुरु-शिष्य ने परस्पर विदा चाही थी, तभी गोद में बालक दृढ़ को लिये लोपामुद्रा ने कक्ष में प्रवेश किया था—

आर्य, इतनी शीघ्रता भी क्या है ? आज संध्या-वंदन यहीं करें और रात्रि-विश्राम भी।

सुतीक्ष्ण ने सत्वर प्रणिपात किया था—आज नहीं, मैं तो इस कुलदीपक के दर्शन करने आया था। लाइए, जरा मेरी गोद में दीजिए इन्हें।

दृढ़, प्रिय शिशु, ये तुम्हारी तात श्री हैं। बालक उनकी गोद में अविलंब चला गया था। सुतीक्ष्ण ने अपने थैले से अष्टधातु का सुंदर आभूषण निकाला था—

गुरु माते, दृढ़ के लिए यह सिद्ध रक्षाकवच है। बालक के वक्ष पर इसे धारण कराएँगी। मैंने इसे अभिमंत्रित कर दिया है।

अच्छा, गुरुदेव, अब आज्ञा।

सुतीक्ष्ण को कुटीर द्वार तक विदा करने के लिए अगस्त्य साथ-साथ आए थे—

आगामी पूर्णिमा को पद्मनाभ वाले सत्र का दीक्षा पर्व है। नए बालकों का प्रवेश होनेवाला है। सुतीक्ष्ण, इस अवसर पर तुम्हारी उपस्थिति अनिवार्य है।

अवश्य गुरुदेव!

तपोवन में क्रीड़ा महोत्सव का आयोजन था। पद्मनाभ ने पूरी तैयारी कर रखी थी। वह कलारी पयहू विद्या का आचार्य होने जा रहा था।

इस क्रीड़ोत्सव को लेकर संपूर्ण दंडक वन में बड़ा उत्साह था। दूर, निकट के सभी आश्रमों, गुरुकुलों में उत्सव के लिए आमंत्रण भेजना मल्लयुद्ध का अभ्यास, अन्य प्रतिद्वंद्विताओं के लिए यथेष्ट तैयारी, अगस्त्य सचेष्ट थे—

अपना कला कौशल दिखाने का प्रयास सब करें, किंतु स्मरण रहे, सबके अंतर्भाव पवित्र हों, कोई अमर्ष नहीं, किसी भी प्रकार का राग-द्वेष नहीं। आयुध संचालन में विशेष सचेष्टता बरतनी होगी। वेत्र दंड तक तो कला का प्रदर्शन सामान्य है। वल्लभ, असि इत्यादि आयुधों के साथ प्रदर्शन करे। तो समक्ष स्थित योद्धा की कुशलता का पूरा ध्यान रखें। किसी के गात पर नहीं, पर कहीं कोई आघात नहीं लगने पाए। अत्यावश्यक औषधियाँ क्रीड़ांगन में सँभालकर रखी जाएँ।

चारों ओर सुसज्जित मंच। अगस्त्य, सुतीक्ष्ण तथा अन्य महर्षिगण सबसे ऊँचे आसन पर विराजमान!

क्रीड़ा-युग्मों की उद्घोषणा होती है। सुंदर अंग-संचालन के द्वारा विविध मुद्राओं का प्रदर्शन करते वटुक गण अपना कौशल दिखा रहे हैं। हस्ति

मुद्रा, शार्दूल, मयूर, मार्जार, अश्व आदि की मुद्राएँ।

रोमहर्षिणी अति प्रसन्न थी—

माते, भ्राता पद्मनाभ का अद्भुत कौशल देख रही हैं न!

लोपा ने मुसकराते हुए पुत्री के मस्तक पर हाथ रखा था—

यह विद्या तुम्हारे पिताश्री द्वारा प्रदत्त है, हर्षिणी। आत्मरक्षा के लिए और अरि को क्षण भर में पराभूत करने के लिए इससे महत्तर कोई युद्धविद्या नहीं हो सकती।

लोपा ने साभिमान पति की ओर निहारते हुए अपनी बात पूरी की थी—

वीर प्रसविनी इस आर्यावर्त की भूमि पर कभी कोई आततायी पग नहीं धरने पाए, इसी प्रयोजन से यह युद्धकला रची गई। मैंने इसका अभ्यास किया है। सहस्त्र संवत्सर बीत जाएँ, तब भी इस विद्या की आभा कम नहीं पड़ने वाली। तुम्हारा धर्म भ्राता पद्मनाभ आर्यावर्त में अपनी निपुणता के लिए प्रतिष्ठित है। देखो, तुम्हारे पिताश्री कितने ममत्व भाव से उस पर दृष्टि डाले बैठे हैं!

पद्मनाभ और अन्य पचास युवाओं को 'युद्धवीर' की उपाधि से विभूषित किया गया था। ब्रह्मज्ञानी, कृषिविज्ञानी, वेदाध्यायी, वनस्पति विज्ञानी, ज्योतिष विज्ञानी, अस्त्र-शस्त्र विद्याध्यायी, अंतरिक्ष ज्ञानी प्रत्येक विद्या में पारंगत युवा संन्यासी आर्यावर्त की सेवा के लिए दीक्षित होने जा रहे थे।

गुरु अगस्त्य का आशीवर्चन उनके लिए मणि-माणिक्य से बढ़कर था। शब्द वैभव के अभिजात से भरे महर्षि ने अपने स्थान से उठते हुए उद्बोधन दिया था—

मेरे प्रिय युवा संन्यासी गण!

आज मेरा गुरुपद सार्थक हुआ है। आप लोगों ने परमार्थ के लिए सकल विद्याओं का सम्यक अध्ययन किया और अपनी पात्रता प्रमाणित की है। अपने राष्ट्र के मंगलमय उत्थान के लिए, आसुरी शक्तियों से भूमि को

निरापद करने के लिए प्रत्येक दीक्षा ग्रहण करनेवाले शिष्य को ऐकांतिक रूप से अथक साधना करनी होगी। अपने बुद्धि-विवेक से अपना मार्ग स्वयं सुनिश्चित करना होगा। स्मरण रहे, सर्वस्व त्याग करनेवाला राष्ट्रधर्मी मनुष्य ही सनातन मूल्यों को संवाहक, संपूज्य होता है। सतत प्रवाहमान इस विश्व में प्रवाह के विरूद्ध आगे बढ़ना ही आपकी प्रतिबद्धता होगी और लोकसेवा ही आपका सबसे बड़ा संकल्प होगा। आपका वैभव द्विगुणित होता रहे, यही मेरी स्तुति है। जयी भव··· !

निकट बैठे सुतीक्ष्ण के नेत्रों में पुलक अश्रु थे।

गुरुदेव, आपके अंतर्मन में छिपी हुई करुणा, आपका ममत्व ऐसे अवसरों पर प्रकट हो ही जाता है। आपने देखा, सभी स्नातकों के नेत्र सजल थे।

अगस्त्य गंभीर थे—

सुतीक्ष्ण, यह दायित्व तुम्हें सौंपा रहा हूँ। व्यावहारिक प्रशिक्षण के लिए इन युवकों को निकटवर्ती गुरुकुलों में भेजने का दाय तुम्हारा। अन्यत्र रहते हुए स्वनामधन्य ऋषि-महर्षियों के सत्संग में मेरे इन शिष्यों का संपूर्ण विकास होगा, ऐसी व्यवस्था करनी है।

पंक्तिबद्ध शिष्य गुरुदेव की, गुरुमाता की चरणवंदना करते हुए आगे बढ़े थे। चंदन तिलक से सुशोभित ललाट, नव-वल्कल परिधान, आत्मविश्वास से दमकते हुए मुख—

गुरुर्ब्रह्मा गुरुर्विष्णो···

किसी नव-वटुक ने मंगल घंटा ध्वनि की थी—अशुभ का परिहार करनेवाली, श्रवण रंध्रों में नए भाव भरने वाली। प्रलंब बाहु ऋषि स्वस्तिवाचन करते हुए अपने कुटीर की ओर लौटे थे।

□

प्रकृति से सहज संन्यस्त अगस्त्य अकारण उद्विग्नमना हो उठे थे। कुटीर से दूर सदानीरा के तट पर एकांत का आश्रय लेते वे स्वयं से वार्त्तालाप करने

की मन:स्थिति में थे—संपूर्ण भूखंड पर आर्ष संस्कृति की स्थापना करने में मुझमें कहीं कोई त्रुटि नहीं हुई। विद्याव्रती, ज्ञानतपी आध्यात्मिक विभव के संधान में एक धधकता हुआ अग्निकुंड अपनी चेतना में समेटकर प्रत्येक तपोवनवासी में अकूत आत्मनिष्ठा भरता रहा हूँ मैं। मेरा प्रत्येक शिष्य मुझे सर्वसिद्धिप्रदायक, वेदद्रष्टा मानते हैं। मेरे भीतर समाहित अतींद्रिय सत्ता ही मेरी स्पंदन लय को निसर्ग की आलौकिकता से संयुक्त करती है।

मेरी सहधर्मिणी लोपा परम विदुषी, संवेदनशीला है। मेरी कठोरतम दिनचर्या में अमृतधारा बनकर उसने निरंतर माधुर्य और मसृणता का संचार किया है। विशाला माँ का वात्सल्य दुग्ध निर्झर बनकर प्रत्येक क्षण मेरी देह शिराओं में संजीवनी शक्ति भरता रहता है। मेरी शिष्य परंपरा का विस्तार इस पृथ्वी पर सर्वत्र है। तो फिर, अकस्मात् प्राणों में यह अव्यक्त खिंचाव कैसा? मैंने विद्युत्-तरंगों का आविष्कार किया, समुद्र को जल-विहीन किया, विंध्य पर्वत के अहंकार को धूल-धूसरित किया, आर्यावर्त के उत्तरी और दक्षिणी भाग को संयुक्त किया।

मेरे तपोवन में ही नहीं, यहाँ के सभी तपोवनों में धन-धान्य का रंच मात्र अभाव नहीं। फिर भी यह अप्रत्याशित अशांतचित्तता क्यों··· ? क्या कहीं कोई अघटित घटित होने वाला है?

शुभ्र तरंगिणी की मृदु ध्वनि, पवित्र पीपल की सघन शाखाओं के हरित पत्रों की मर्मर रागिनी, कमंडलु के दिव्य जल में सहसा एक छाया मुख संतरित हुआ था। महामुने, आपके हृदय में मेरा शाश्वत वास है। आपके सब छोटे-बड़े कर्म मुझसे नि:सृत, पुन: मुझमें ही निमज्जित हैं। आपके मनोवैकल्य का प्रयोजन कहीं मैं तो नहीं? ध्यान शिखर से नीचे उतरे तो समीप बैठी भार्या का चिंता-मथित मुख देख किंचित् अव्यवस्थित हो उठे थे वे!

लोपे, आपने कैसे जाना कि मैं यहाँ हूँ और आपके मुख पर यह वेदना कैसी?

आर्य, अप्रत्याशित आपका यहाँ आगमन··· कई प्रहर व्यतीत हो गए। क्या हो गया आपको?

लोपे, विचलित न हों, यहाँ मेरे समक्ष विराजें···। आपको ज्ञात है न, ब्रह्मांड की कोई भी समस्या मुझमें उद्वेलन उत्पन्न नहीं कर सकती। निदान तत्क्षण ढूँढ़ लेने की क्षमता मुझमें हैं। इस बार मेरी चिंता के केंद्र में स्वयं प्रभु हैं प्रिये!

यह कैसी प्रहेलिका है?

यह प्रहेलिका नहीं, एक सनातन सत्य है। तुम्हारा देवर सुतीक्ष्ण मुझे त्रिकालज्ञ कहता है न···! मरुत् तरंगों पर सवार कई ऐसे सत्य वृत्तांत मेरे श्रवणों में रव करने लगते हैं, जिनका साक्षी मैं कभी बना नहीं। अयोध्या नगरी का ज्येष्ठ राजकुमार अपनी देवोपम कांति से इस संपूर्ण निर्जन का देदीप्यमान करता अभी-अभी मेरे समक्ष था। राम··· हाँ लोपे, वह छवि राम की थी—

ऋषिवर, आपकी उद्विग्नता मुझे लेकर है न···? आप यही चिंतन कर रहे हैं—राजभवन का अपार सुख-वैभव, स्वर्ण रथ, अक्षौहिणी सेना, मखमली शय्या, दास-दासियाँ, ऐसे ऐश्वर्य का अभ्यासी युवा राम कठोर तपश्चर्या का जीवन उसे क्योंकर स्वीकार होगा? गुरुवर वसिष्ठ ने आपसे कहा भी था—

एक बार मेरे आश्रम का आतिथ्य स्वीकार करो। राम अपने भाइयों के साथ वटुक वेशधारी यहाँ विराजमान हैं। आपका आना नहीं हो सका था। आप मेरे पिता महाराज दशरथ के राजगुरु हैं, किंतु आपने जनहित भाव से उस पद को भी ससम्मान अस्वीकार किया।

अस्तु, आज मैंने स्वयं इच्छा की और आपकी अनुमति के चेतना द्वार के समक्ष आ गया। गुरुवर, एक विनम्र निवेदन है। आगे का मार्ग कठिन है, आसुरी शक्तियाँ प्रचंड हैं। आपसे मुझे देह-बल चाहिए और आत्मबल भी। आपका वात्सल्य स्पर्श भी चाहिए और विराट् संकल्प-शक्ति भी। आपके तप

का आयुध साथ हो तो दुर्दांत असुरों के वध का पराक्रम सिद्ध करते विलंब नहीं होगा।

अगस्त्य पुलक गात थे। नेत्रों में रघुवंशी राम का अनन्य रूप, हृदय में उनकी मेघमंद्र वाणी की अंतर्ध्वनि···!

लोपे काश, मैं आपको भी दिखा पाता! आर्यावर्त का भविष्य अपने दिव्यास्त्रों की नोंक पर उरेहने वाला वह विलक्षण रूप···।

बड़भागी हूँ आर्य, मैंने आपकी आँखों से श्रीराम को देखा, आपके अंतर्निनाद से अपनी प्राणशिराओं को स्पंदित किया। वे राम जितने आपके हैं, उतने ही मेरे भी, सबके राम!

□

ध्यानस्थ थीं विशाला माँ! वे सबकुछ समझ रही थीं—अगस्त्य उनके सामने उपस्थित होकर भी उपस्थित नहीं थे। खुले हुए अंतर्चक्षुओं से उनका पुत्र आर्यावर्त के उस भविष्य का द्रष्टा बना हुआ था, जिसमें अपार चुनौतियाँ थीं।

अयोध्या के चक्रवर्ती नरेश अपने ज्येष्ठ पुत्र के राज्याभिषेक की संकल्पना में हैं—भ्राता वसिष्ठ मंगल मुहूर्त निर्दिष्ट कर रहे हैं। पुष्य नक्षत्र की वेला, धरती अंतरिक्ष, इंद्र, मरुत्, सबकी अनुकूलता को धारण करता यह पवित्र चैत्रमास! राजन, शीघ्र अभिषेक के लिए देव-पूजन की समस्त सामग्रियाँ एकत्र करने की व्यवस्था दें।

सर्वऔषधि, नवरत्न, मधु, श्वेतपुष्प, घृत, नूतन वस्त्र, अस्त्र-शस्त्र, स्वर्ण कलश, मृत्तिका घट, चंदन, धूप, दुग्ध, दधि···गुरु के आदेश से सुमंत्र संदेश देते हैं—

व्रत, उपवास, समस्त आनुष्ठानिक नियमों का समुचित निर्वाह···!

सब उल्लसित हैं। राजा दशरथ को ज्ञात है—जहाँ तक सूर्य की गति है, वहाँ तक की वसुधा उनके संपूर्ण अधिकार में है।

नियति का प्रावधान कहता है, ऐसा नहीं है। अँधेरी रात्रि की निर्जनता एक भयावह सत्य रचने जा रही है। लौकिक मनुष्य को इसका अनुमान तक नहीं होता और देखते-ही-देखते सरिता विपथगा हो जाती है।

विशाला माँ का हृदय वात्सल्य रस से पूरित है—अग, पुत्र, मैं महारानी कौशल्या की वेदना को अपने हृदय से अनुभूत कर रही हूँ। कतिपय काल के लिए तुम अन्यत्र जाते हो तो मेरे श्रवण कुटीर-द्वार पर ही टिके रहते हैं। तुम्हारा प्रवास शीघ्र पूरा हो और तुम सकुशल मेरे पास आ जाओ, श्वास-श्वास में यही प्रार्थना संग लिये सोती-जागती हूँ।

ऋषि की छठी इंद्रिय सचेष्ट है। उनकी समस्त ज्ञानेंद्रियाँ अयोध्या के अंत:पुर का परिदृश्य अपने भीतर समेटना चाह रही हैं—

दशरथ काम विवश हैं, विमाता कैकेयी स्वार्थ विवश कुब्जा मंथरा की दुरभिसंधि का प्रयोजन बनती हैं। तत्त्वज्ञानी राम नियति के उपहार को सहज भाव से स्वीकार करते हैं। राजसी वेशभूषा का परित्याग और सहर्ष वल्कल धारण करने का उपक्रम…।

पूरी पृथ्वी का साक्षात्कार एक विलक्षण घटनाक्रम से होने जा रहा है।

विशाला माँ का उद्‍बोधन उन्हें चैतन्य करता है—उठो पुत्र, अपने दिव्यास्त्रों की सुधि लो। तुम्हें एक महान् धर्मयुद्ध का साक्षी बनना होगा। वह महामानव हमारे आश्रम में आएगा। तुम्हे अपने तपोबल से, अपने शौर्य से उसे संवलित करना होगा।

आप उचित कहती हैं माते, किंतु राम का शौर्य, शील, संयम किसी भी प्रकार कम नहीं। दृढ़प्रतिज्ञ मनुष्य विनय और अनुशासन से युक्त हो तो उसका आत्मविश्वास हिमवान की तरह दुर्लंघ्य हो जाता है। दशरथ नंदन निरभिमानी हैं। राजसत्ता से लोकसत्ता की ओर उनके पाँव बढ़ रहे हैं। इस अवसर पर सदुपयोग के लिए ही मैंने उन प्रभावशाली अस्त्र-शस्त्रों को सहेजकर रखा है।

□

शस्त्रशाला के द्वार खोले जाएँ। आश्रम के कुलपति महर्षि अगस्त्य स्वयं निरीक्षण के लिए पधार रहे हैं।

एक उदात्त मुहूर्त की सूक्ष्म अनुभूति उनके स्पंदन में जाग्रत् हुई थी—

राम दंडकारण्य में पधारे हैं। यज्ञशाला के समक्ष खड़े भीतर आने की अनुमति माँग रहे हैं। यज्ञ की निर्धूम ज्वाला से उत्पन्न तीन दैवी आकृतियाँ—राम, जानकी और लक्ष्मण।

लोपा समक्ष बैठी हैं, शांत चित्त!

पति के मनोभावों की तदरूप अवधारणा करती हुई—आर्य, अमृत संतान हैं आप, नहुष के अहंकार को विदीर्ण करते हुए आपने उसकी पालकी ढोने वाले विप्रों को सुरक्षा प्रदान की थी। आप कहा करते हैं न, बड़े-से-बड़ा आततायी, अधर्मी अपने अधोपतन का मार्ग स्वयं तय करता है। इंद्राणी पर आसक्त नहुष का समस्त तप बल क्षार-क्षार हुआ।

अगस्त्य ने भार्या के समक्ष अपने हृदय की बात रखी थी—लोपे, मैं उन विप्रगणों को भी समान दोषी मानता हूँ। कतिपय सुवर्ण मुद्राओं का प्रलोभन और अहंकारी शासक का क्रीत भृत्य बन जाना! नहुष जैसे अहमन्य, कामलोलुप राजा को दंडित करना अनिवार्य था। साथ-साथ उन ब्राह्मणों को भी दुत्कारना आवश्यक था, जो अपने तेजबल से वंचित असहाय प्राणी बने हुए थे। राम की बात सर्वथा भिन्न है। वे औदार्य का पर्याय हैं। तापस वेशी धनुर्धर राम… ! दंडकारण्य की ओर बढ़ रहे हैं वे…। मैं लौहशाला की ओर भी जाना चाहता हूँ। नए आयुधों के निर्माण कार्य की प्रगति भी देखनी है।

□

वनगामी राम के सहयात्री लक्ष्मण और श्री जानकी! शौर्य, धैर्य और सुकुमारता के त्रिगुण स्वरूप!

रुक्ष वल्कल धारण करती, सभी आभूषणों का परिहार करती सीता से राम ने कहा था—

जनक पुरी और अयोध्या का सुचिक्कन राजमार्ग नहीं, कंटकाकीर्ण बीहड़ वन पथ पर चलने का अभ्यास डालना होगा। हिंस्र वनपशुओं से कभी सामना नहीं हुआ न, व्याघ्र, चित्रक, भल्लूक, व्याल और ऐसे ही न जाने कितने क्रूर प्राणी!

आप कोमलांगी हैं और अनभ्यस्त भी, क्या करेंगी··· ?

जनकनंदिनी दृढ़ निश्चय से भरी हुई थीं—आर्य राम, मैं कोमलांगी नहीं, मेरे पिता जनक ने मुझे धनुर्विद्या का ज्ञान दिया है, अनेक अस्त्र-शस्त्रों का सम्यक् अभ्यास किया है मैंने! रही बात वन जीवन की, तो आपका अनुसरण करती हुई निर्भय आगे बढ़ूँगी। एक नहीं, दो-दो पुरुष सिंह मेरे साथ होंगे। भय कैसा?

विदर्भ राजा की पुत्री लोपा का वरण करने के पहले उन्होंने भी समझाया था—

मेरा जीवन दुर्लंध्य पर्वत श्रेणी की तरह है, मधुमास हो या विरस पतझड़, तप्त ग्रीष्म हो या आर्द्र पावस, धरती मेरी शय्या है, आकाश ओढ़ना, शरीर पर लिपटे इस वल्कल के अतिरिक्त मेरी कोई संपदा नहीं, कहो, तुम मेरे साथ सुव्यवस्थित जीवन व्यतीत कर पाओगी?

लोपा प्रस्तुत थीं—

मैं वल्कल ही महिमा जानती हूँ। भू-शय्या, कंद-मूल का आहार मेरे लिए स्वर्गोपम सुख देनेवाला होगा। मैं आपकी अनुवर्तिनी हूँ।

आयुधशाला में प्रवेश करते समय एक बार पुनः राम का संपूर्ण रामत्व उनकी चित्तभित्ति पर अंकित हो उठा था—

आर्यावर्त के समस्त दूरंत प्रश्नों का अंत! सामान्य जन की दृष्टि में कैकेयी अपघातिनी बनी, किंतु उसने राम का लक्ष्य पथ सरल बनाया। सिद्धाश्रम की यात्रा का जो प्रयोजन था, वही राम की इस यात्रा का भी है। भिन्नता इतनी है कि ताटका तथा अन्य असुरों के वध के लिए ऋषि विश्वामित्र

निमित्त बने थे और यह वनगमन प्रारब्ध प्रेरित है। रही संसाधनों की बात, तो मनुष्य की प्रबल इच्छाशक्ति और कर्म के प्रति अटूट आस्था ही वह संसाधन है, जो सारी सुविधाओं का प्रयोजन बन जाता है।

अगस्त्य के विशाल गुरुकुल के पार्श्ववर्ती ग्राम लौहकर्मियों के थे। उनके द्वारा निर्मित असि, ढाल, कवच, वल्लभ आदि विलक्षण थे। उन्हें ज्ञात था कि राम अपनी विराट् सेना खड़ी करने में स्वतः समर्थ हैं। तब भी, उनकी तैयारी पूरी थी। आवश्यकतानुसार उनके तपोवन के शत, सहस्र, लक्ष्य साधक वल्कलधारी योद्धा राम के सहयोगी रूप में प्रस्तुत होंगे…।

सोते जागते महर्षि के ध्यान में राम हैं। वन प्रातंर में रहनेवाले निष्पाप ग्रामवासियों के उद्धारक राम, सनातन सत्य के उद्घोषक राम, प्रकृति पूजक राम!

महापराक्रमी अगस्त्य जाग्रत् नेत्रों से स्वप्न देख रहे हैं। अपनी-अपनी भ्रमण कक्षा में सूर्य, चंद्र, पृथ्वी, ग्रह-उपग्रह, निहारिकाएँ, आकाशगंगाएँ सब गतिशील हैं। काल की परिधि का अतिक्रमण करते, लक्ष कोटि संवत्सरों को अतीत में परिणत होते हुए ब्रह्मांड की सकल गतिविधियों के साक्षी बन यूँ ही विद्यमान रहेंगे। यह अगस्त्य नहीं होगा, दशरथ-पुत्र श्रीराम भी नहीं होंगे, तब भी इस धरती पर आचार, अनाचार का द्वंद्व चलता रहेगा। भौतिकता प्रबल होगी और आधिभौतिकता को वनवास का शाप झेलना होगा। निःसर्ग का अपमान और सद्बुद्धि का अनादर होगा। पांडित्य निरादृत होगा और दुर्जन सम्मान पाएँगे। अभी तो कितने नहुष जन्म लेंगे, जो विद्याव्यसनी पंडितों से अपनी शिविकाएँ उठवाएँगें! उन नराधम राजाओं को दंडित करनेवाला कोई अगस्त्य नहीं होगा।

उनके चिंतन को विराम लगा था। लोपा ने धीरे से उनकी दक्षिण भुजा का स्पर्श किया था—

आर्य, आयुधशाला पीछे छूट गई…। हम कहाँ जा रहे हैं?

सुदूर भविष्य में··· ! अट्टहास करते ऋषि वर्तमान में लौट आए थे।

लोपे, एक बात कहूँ ? श्रवणों तक खींचकर शरों के संधान का अभिप्राय जानती हैं न! स्वर्णिम अतीत का स्मरण, वर्तमान के लिए उत्साहवर्द्धक शिक्षण और अनागत के लिए युगसंचित सदविचारों का संधान, हम आर्यों की सनातन संस्कृति त्रिकाल चिंतन सत्ता से जुड़ी हुई है। बैर-भाव से चुनौती देनेवाले शत्रुओं के लिए हमारे अस्त्र-शस्त्र कितने भयोत्पादक हैं, इनके परिचालन में हमारा एकनिष्ठ शौर्य-भाव सबसे बड़ा सहयोगी है, हम वीरत्व के सच्चे साधक हैं।

शस्त्रागार दिव्य आयुधों की आभा से दीप्त था। महर्षि ने कैलाशवासी महादेव को मन-ही-मन नमस्कार किया था—

आपके द्वारा प्रदत्त इन आयुधों के समुचित उपयोग की अवधि समीप है प्रभु··· ! श्रीराम के हाथों में इन्हें सौंपना है। आप अगम्य ज्ञानी हैं। मेरी समस्त तपश्चर्या की फलश्रुति श्रीरघुनंदन के रूप में समक्ष आनेवाली है।

रोमहर्षिणी सत्य ही अपने रोम-रोम से आह्लादित है—

माते, राम आ रहे हैं न··· ? मैं सबको यह संवाद दे दूँ न··· !

हाँ पुत्री, किंतु प्रतीक्षा अभी शेष है। वे आएँगें अवश्य, किंतु काल की गति, मरुत् के वेग को थाहना कठिन होता है न! तुम्हारे पिताश्री सच्चे ब्रह्मज्ञानी हैं। उनके पास अदृश्य के संदर्शन की पराशक्ति है। समय आने पर वे सबको सूचित करेंगे।

उन्होंने उद्दालक को बुलाकर निर्देश दिया था। यज्ञोपवीत बनाने की कला में तुम पारंगत हो। अभी से इस कार्य में प्रवृत्त हो जाओ।

वेदत्रयी के तीन तंतुओं का एक सूत्र, कर्म, उपासना, ज्ञान का त्रिगुण, मंत्र से अभिसिंचित नौ अंकों की उत्तमता से युक्त यज्ञोपवीत हमारी संस्कृति की श्रेष्ठता का प्रतीक !

उद्दालक नत शिर था—

गुरुदेव आपने बताया था। सनातन संस्कारों के नव गुणों से संबद्ध है हमारा यह उपनयन संस्कार! मानव जीवन के जन्म-मरण के रहस्य, शक्ति संचयन, श्रेष्ठत्व, सौंदर्य, दिव्यता, द्विजत्व, रोमहर्षिणी ने शेष तीन गुण तत्क्षण सुनाए थे—

विवेक, सद्गुण और धर्म संबंधी कृत्यों के अधिकार। ये तीन सूत्र अत्यंत पवित्र मंत्रों से अभिमंत्रित हों, तभी सत्यनिष्ठा, पावनता और तेजोमयता आ सकती है।

यज्ञोपवीत धारिणी रोमहर्षिणी की बौद्धिक क्षमता अद्भुत थी। पिता की दृढ़निश्चयी मेधा-शक्ति, माता का ओज और पितामही की स्नहेवत्सलता··· लोपा माता दिन भर अपने कार्यों में व्यस्त रहतीं और वह अपने अनुज को निकट बिठाकर अच्छे-अच्छे विचारों से जोड़ती रहती।

दृढ़, सत्य कहना, आज तुम पुष्करिणी की ओर क्यों गए थे?

वहाँ ढेर सारे रसाल हैं, खूब पके हुए। कोमला भगिनी, सुकेशी भगिनी सबके अनुज मेरे साथ थे और मैंने पितामही से अनुज्ञा भी प्राप्त की थी और अग्रज गोपालक हमारे साथ गए थे। भगिनी, मैंने तुम्हारे लिए भंडारणगृह में कई रसाल रखे हैं। माता को भी दिया है, वे नैवेद्य के साथ इन्हें भी देवार्पण करेंगी न···!

वह तो ठीक है वत्स, किंतु जाने से पहले माता की भी आज्ञा लेनी चाहिए थी।

ठीक, आगामी समय में ऐसा नहीं होगा। भगिनी, मैं आपके सामने क्षमा विनत हूँ। अब क्रोध भूलकर प्रसन्न हो जाएँ।

□

ऋषि अत्रि का अगस्त्य के आश्रम में आना संपूर्ण आश्रम निवासियों के लिए एक बड़ी घटना थी। वृद्धावस्था के बावजूद ऋषि के मुखमंडल पर अपार तेज था। अगस्त्य ने द्रुत गति से आगे बढ़कर अतिथि अत्रिदेव का हृदय

से सत्कार किया। उनकी वय को यथोचित मान देते हुए विनयपूर्वक नमस्कार किया था—

पधारें भगवन्…।

लोपा ने सत्वर आगे आकर अत्रि मुनि को अर्घ्य अर्पित किया था। रोमहर्षिणी और दृढ़ ने उनके चरणों में विनत-भाव से प्रणाम किया था।

लोपे, महामुनि के संग पधारे शिष्यों का समुचित आदर-सत्कार करें।

महर्षि अत्रि ने अगस्त्य को समक्ष बिठा लिया था—ऋषिवर, मैं आपका आतिथ्य कर कृतार्थ हुआ। आप आज्ञा करें, आपका आश्रम असुरों से पूर्ण सुरक्षित तो है न, आपकी तपस्या में कहीं कोई विघ्न तो नहीं है न… ? सती अनसूया प्रसन्न वदना तो हैं न… ?

मनुष्य की जीवन-शैली का मर्म समझनेवाले प्रवर ऋषि के नेत्रों में पुलक अश्रु थे—

अगस्त्य, मैंने अपने योगबल से अयोध्या नगरी के सभी घटनाक्रमों को देखा है। राम का वन-गमन आरंभ होने ही वाला है। तापस कुल के शोक विनाशक राम हमारे दंडकारण्य में आएँगे। मेरे पास कुछ दिव्य आयुध हैं। मेरी इच्छा है कि आप इन्हें भी अपने आयुधगृह में सुरक्षित रखवा दें।

क्यों ऋषिवर, क्या आपके आश्रम में कोई भय उत्पन्न करनेवाली घटना घटित हुई या होनवाली है? आपके हृदय में यह असुरक्षा वाला भाव क्यों?

महर्षि अत्रि उद्विग्नमना थे—एक दूसरा प्रयोजन है प्रियवर…! कामद वन में आसुरी उत्पात प्रारंभ हो गया है। आर्या अनुसूया का मनोबल ऊँचा है, अतएव, वे हमारे आश्रम के निकट नहीं आ पाते। कई बार यह विचार मन में आया कि ज्येष्ठ पुत्र दत्तात्रेय को बुलवाकर ये प्रचंड शक्ति वाले आयुध उन्हें सौंप दूँ, किंतु वे सुदूर पर्वतीय प्रदेश में कठोर तपस्या निरत हैं, द्वितीय पुत्र सोम मन का बड़ा शीतल है। उसका मानना है कि शांत स्वभाव उस जैसे तापस को शायद की किसी आयुध की आवश्यकता हो! आत्मरक्षा के लिए

जो अपेक्षित हो, उसे ही रखना पर्याप्त है। रही बात तृतीय तनय दुर्वासा की, तो वह अपने क्रोध में महादेव की तरह प्रलयंकर है। उसे इन आयुधों को सौंपने का अर्थ हुआ समझ-बूझकर विपदा मोल लेना!

□

असुरक्षा का भाव एक अन्य प्रयोजन से भी है। मैं यथासाध्य तपधर्म में प्रवृत्त रहता हूँ। अनसूया भी पूर्ण तापसी हैं। हम दोनों ने जगती के समस्त कर्तव्यों का यथाविध निर्वहण किया है। जीर्ण-शीर्ण काया का त्याग हो, इसके पूर्व यह धरोहर सुपात्र के हाथों सौंप देना ही आश्वस्तिकर होगा।

लोपा उष्ण दुग्ध में पके हुए तंदुल, शर्करा और शीतल जल का पात्र ले आई थीं—

आर्य, इसे ग्रहण करें।

उनके पीछे रोमहर्षिणी और दृढ़ दोनों थे—

गुरुवर, अनुज दृढ़ रसालवन से सुंदर परिपक्व रसाल ले आया है।

इन आम्रफलों का आस्वाद निरूपम है।

अत्रि प्रसन्न थे। व्यंजन डुलाती लोपा ने उन्हें बताया था—हर्षिणी ने आपकी संहिता पढ़ी है। ऋग्वेद का पंचम मंडल उसे कंठस्थ है। शांत, शीतल, अमृतयुक्त उस प्रार्थना में कर्तव्य पालन की, शील, संस्कारों की अत्यंत सुंदर व्याख्या है।

अगस्त्य ने ऋषि अत्रि के आदेश का पालन किया था। सार्थवाह के सहयोग से शिष्यों की टोली ने उस अमूल्य आयुध उपहार को शस्त्रागार में पहुँचा दिया था।

शांत चित्त अत्रि ने विदा की आज्ञा ली थी—दृढ़, इधर आओ वत्स और पुत्री हर्षिणी तुम भी!

आपके पिता भाग्यशाली हैं हर्षिणी! वैसे ही, जैसे श्री जानकी के पिता महाराज जनक…!

कहते हैं, पुत्र पुत् नामक नर्क से उबारता है, लेकिन कन्या की त्रैलोक्यविजयिनी छवि देखकर माता-पिता इंद्रियातीत आनंद का अनुभव करते हैं। मैं और अनसूया इस सुख से वंचित हैं।

उन्होंने अपने पास रखे थैले से दो आभूषण निकाले थे—

यह श्रेष्ठ मत्स्याल मुक्ताहार है, हर्षिणी पुत्री, माता से कहकर शुक्ल पक्ष सोम तिथि, रात्रि प्रथम प्रहर इसे धारण करेंगी और पुत्र दृढ़, यह रजत रज्जु में ग्रंथित शंख मुक्ता का हार आपके लिए।

आर्या लोपे, आपकी ज्येष्ठा भगिनी ने आपके लिए सिंदूर भेजा है। हमारे आश्रम में सिंदूर के अनेक वृक्ष हैं। यह प्रकृति प्रदत्त उपहार सौभाग्यवती स्त्रियों के लिए हैं, जो अत्यंत मंगलप्रद है।

मयूराकृति के उस काष्ठ निर्मित सुंदर पात्र को लोपा ने सयत्न अपने अंचल में सहेज लिया था।

सती अनसूया को मेरा पदवंदन अवश्य कहेंगे आर्य!

अक्षय सौभाग्यवती भव!

अत्रि ऋषि के प्रस्थान के बाद अगस्त्य गौरव-बोध से भरे हुए थे।

हर्षिणी, अपनी तपोनिष्ठा में अनन्य माने जाते हैं—ऋषि आत्रेय, अपने यौवनकाल में इन्होंने प्रबल तप साधा था। समाधि की अवस्था में ही दैत्यों ने इन्हें उठाकर शतद्वार यंत्र में डाल दिया था और सदेह दग्ध करने की योजना बनाई थी। तब इनकी भार्या सती अनुसूया ने ही दैत्यों को पराजित करते हुए अपने पति की प्राण रक्षा की थी। मंत्रों के अभिद्रष्टा ये आर्ष पुरुष हमारे आश्रम से किंचित् दूर कामद वन में निवास करते हैं।

☐

अगस्त्य ने ब्रह्मज्ञान-सभा का आह्वान किया था—सभी ज्ञानार्थी, आचार्यगण वनस्पति उद्यान परिसर में एकत्र हों¨। मास में एक बार सभी आचार्यों, ब्रह्मचर्य व्रतधारियों का सम्मेलन। सबके हृदयों में एकत्र शंकाओं

का समाधान, विचारों का आदान-प्रदान। यह एक वैचारिक यज्ञ था। संपूर्ण गुरुकुल बड़े उत्साह के साथ इसमें सम्मिलित होता था।

सुदीर्घ नेत्रोंवाले अगस्त्य बृहस्पति की तरह आसनस्थ थे। वाम पार्श्व में विराजमान लोपामुद्रा!

प्रथम उद्बोधन के पश्चात् प्रश्नोत्तरी प्रारंभ हुई थी।

पंक्तिबद्ध बैठे ब्रह्मचारियों में से सुकेश ने अपनी शंका सामने रखने का आदेश माँगा था—

उचित है भद्र, तुम मेरे आसन के समीप आ जाओ, ताकि सब लोग तुम्हारे प्रश्न को सहजतापूर्वक सुन सकें।

सुकेश ने अपना प्रश्न बड़े अनुशासित भाव से सामने रखा था—

गुरुदेव, राजसत्ता और ज्ञानसत्ता दोनों में महत्तर किसे माना जा सकता है?

नवीन वटुक के इस प्रश्न को सुनकर सबके मुख पर विनोद भरे भाव थे।

ऋषि ने शिष्यमंडली की ओर देखा था, तत्क्षण सब शांति की प्रतिमा बन गए थे—

उद्दालक, स्मरण है, वर्षों पूर्व जब तुमने यहाँ प्रवेश लिया था, तब तुम्हारे मुख से भी इसी प्रकार का प्रश्न निःसृत हुआ था। तुमने पूछा था—राजा बड़ा या योगी?

और मैंने तुम्हारी बाल जिज्ञासा को शमित किया था। अब तुम्हारी पारी है, तुमने सकल विद्याओं का अध्ययन पूरा किया है। अतएव, वत्स, समक्ष आओ और बालक सुकेश को तुष्ट करो। उद्दालक ने प्राणिपात करते हुए अपनी बात प्रारंभ की थी—

राजसत्ता से ज्ञान सत्ता का मान शत गुना अधिक है। प्रिय नववटुक, मैंने

राजकुलों को अत्यंत समीप से देखा है। धन-वैभव की संप्रभुता किस प्रकार अहम्मन्याता को जन्म देनेवाली है, राजछत्र और स्वर्णसिंहासन का मद मनुष्य को मनुष्य नहीं रहने देता। हमारे परम पूज्य गुरुदेव के आश्रय में कल्याणमयी विद्याओं के अध्येता बनकर आए हैं आप। यहाँ आने से पूर्व मदांध नृप नहुष का इतिवृत्त भी सुना होगा। उनके पराभव का प्रयोजन अहंकार ही बना! अतएव, बंधु, वैराग्य युक्त राजसत्ता का संदर्भ हो, वहाँ तक तो औचित्य समझ में आता है। लोककल्याण के लिए सर्वस्व त्यागनेवाले राजा का समादर है, किंतु ऐसा तभी संभव है, जब नृप समुदाय ज्ञानसत्ता के समक्ष विनत हो। ज्ञान की परिधि अगाध है और कर्मयोग तथा भक्ति योग के साथ जुड़कर ही सच्चे अध्यात्म की प्राप्ति की जा सकती है। आर्ष संस्कृति हृदय और मस्तिष्क के संतुलन से तत्त्वज्ञान की परिभाषा तय करती है और राजपुरुष ऋषियों के आप्त वाक्यों को शिरोधार्य करते हैं। ज्ञान सत्ता को किसी भौतिक विभव का अनर्गल प्रलोभन नहीं व्यापता। हम ऋत् के साधक हैं, मृत्यु से अमरत्व की ओर ले जानेवाले वैदिक वाङ्मय के मंत्रद्रष्टा हमारे आचार्य हैं। हम अपनी आचार्य परंपरा में सबसे बड़ा पथ-प्रदर्शक गुरु को ही मानते हैं

एक अन्य वटुक ने अपने भीतर की शंका को प्रकट करने की अनुमति माँगी थी—अपनी पृच्छा प्रकट करो वत्स?

गुरुदेव, सृष्टि में मनुष्य की उत्पत्ति का प्रयोजन तो स्पष्ट लक्षित होता है, किंतु आसुरी शक्तियों को पृथ्वी पर भेजने का क्या कारण है, ईश्वर ने ऐसा क्यों किया?

एक अन्य वरीय शिष्य आदेश पाकर गुरु के निकट आया था—

हम सर्वे भवन्तु सुखिनः का विचार यज्ञ करते हैं। हम शांतिकामी हैं, कभी किसी का अहित नहीं चाहते। असुरी शक्तियों को ईश्वर नहीं भेजता। हमारे भीतर के कल्मष भाव ही हमें असुर बना देते हैं। देवता, यक्ष, किन्नर, गंधर्व अथवा मनुष्य—गुणों का क्षरण होते ही सबमें आसुरी भाव पनपने लगता है और मनोविकृतियाँ आते ही सबकुछ विपरीत हो जाता है—अशुभ

वेश, अशुभ आहार-व्यवहार, अशुभ वाणी… !

जिज्ञासु नव वटुकों की पंक्ति से एक अन्य किशोर ने अपना परिचय देते हुए विनम्रतापूर्वक अपनी बात सामने रखी थी—

मेरा नाम सत्यकीर्ति है, अयोध्या के सेनाध्यक्ष का पुत्र हूँ मैं! परमपूज्य गुरुदेव की श्रीचरणों में प्रणाम निवेदित करता हूँ। आचार्यवर, मैं आपके श्रीमुख से सुनना चाहता हूँ। सांसारिकता का निर्वाह निरासक्त भाव से किस प्रकार किया जा सकता है?

अगस्त्य ने स्नेहवत्सल-भाव से मुसकराते हुए कहा था—

वत्स, सबसे पहले यह बताओ कि अयोध्या से इतनी दूर आने का विचार तुम्हारे मन में क्यों आया?

गुरुदेव, वसिष्ठ मुनि ने ही यह परामर्श मेरे पिताश्री को दिया। मैं मल्लयुद्ध की विद्या सीखना चाहता हूँ। आपकी छत्रच्छाया में रहकर मुझे दिव्य ब्रह्मज्ञान की सूक्ष्मता से भी अवगत होना है। अग्रज तुल्य श्रीराम भी आपका नाम बड़े सम्मान के साथ लिया करते हैं। आचार्य श्री, आपके चरणों में रहते हुए मुझे शस्त्र और शास्त्र दोनों का परिज्ञान सम्यक् रूप से प्राप्त होने का सुयोग मिलेगा।

वत्स, अपना स्थान ग्रहण कर लो। राम नाम के संजीवन मंत्र ने उनकी वाणी की शक्ति द्विगुणित कर दी थी—

मेरे प्रिय अंते वासियो,

सत्यकीर्ति की जिज्ञासा का समाधान प्रस्तुत करूँ, इसके पूर्व आप लोगों से थोड़ी बातचीत करना चाहता हूँ। नवागत ब्रह्मचारियों का यह परिचय सत्र है। भुवन भास्कर की रश्मियों की तरह ज्ञान की दीप्ति आपकी चेतना भूमि को प्रकाशित करे। मैंने तप का व्रत लिया है और मुझे ज्ञात है कि तपस्या का अधिकार हो, चाहे विद्या ग्रहण का, पात्रता उसी की है, जो निश्छल मन प्राणों का स्वामी हो। हम सब इस जगती के बंधन से बँधे हुए हैं। पृथ्वी पर जन्म

लेनेवाला प्रत्येक प्राणी अभिलाषाओं का दास है। सबके साथ लोकधर्म के निर्वाह की अनिवार्यता भी है। अतएव, उचित यही होना चाहिए कि पद्मनाभ की तरह संसार धर्म का अनुपालन किया जाए। जीवन को सुचारू रूप से संचालित करने के साधनों का चयन आपको अपने विवेक से करना होगा। इस प्रकृति में जो कुछ कल्याणमय हो, वह निकट रहे, सद्गुण बढ़े, दुर्गणों का शोधन हो। श्वास के साथ ग्रंथित एक ही सत्य हो, धन–वैभव का अतिरेक विष तुल्य होता है, यह ज्ञान प्राप्त होते ही सबकुछ संतुलित हो जाता है।

आपमें से प्रत्येक को यह सुनिश्चित करना होगा कि आपका मनुजत्व किस प्रकार सार्थक हो सकता है? स्पष्ट है कि आप इल्वल या वातापि तो नहीं बनना चाहेंगे!

वत्स, जिस प्रकार सूर्य की रशिमयाँ योद्धा बनकर अंधकार से लड़ती हैं, उसी प्रकार आपको भी अहर्निश मनोविकारों से लड़ना होगा। तपी बनना होगा, अपने भीतर के दुर्गुणों को दग्ध करना ही तप है।

सत्यकीर्ति चित्रलिखित, विस्मय सुख से आपूरित था। ईश्वर का रूप क्या ऐसा ही होता होगा?

लोपा समीप बैठी माँ आदिशक्ति का अजपा जप कर रही थीं—जगन्माता, मेरे पति के तप को इसी प्रकार निरभिमान बनाए रखेंगी।

अनेक लघु प्रश्न थे—

हविर्भाग किसे मिले?

जीवन की पूर्णता किसमें हो?

राष्ट्र की अभिवृद्धि किस प्रकार हो? सबका उत्तर एक निष्कर्ष वाक्य में...जिनकी इच्छा से यह संसृति निर्मित हुई है, जो भूमा का ज्ञान देकर मानव जाति को सृजन धर्म से जोड़ता है, जो हृदय और मस्तिष्क के सामरस्य का आनंदलोक रचनेवाला है, वही हवि का अधिकारी है, वरेण्य है। उसी में जीवन की पूर्णता है, वही राष्ट्र की अभिवृद्धि के पवित्र–भाव हमारी चेतना में भरता है।

सभा संपूर्ण हुई, तब अगस्त्य ने सत्यकीर्ति को अपने उटज पर बुलवाया था—

आप अयोध्या के कुलदीपक हैं न··· ?

आप वहाँ के घटनाक्रम के विषय में कुछ ज्ञान रखते हैं ?

उसने स्वीकृति की भंगिमा में सिर हिलाया था—तो कुछ बताएँ, वहाँ की राजनैतिक स्थिति कैसी है, राजा-प्रजा सभी सकुशल हैं न ? वहाँ की कृषि कैसी है ? राज-काज कैसा चल रहा है ?

ईषत् संकोच के पश्चात् सत्यकीर्ति त्वरित उत्तर देने लगा था—

गुरुदेव, महाराज दशरथ के बाद हमारे राजा राम होनेवाले थे लेकिन एक रानी ने सब कुछ तहस-नहस कर दिया। आपने बताया न, लोभ और ईर्ष्या नामक दो दुर्गुणों ने कैकेयी को दुर्मति दी और उसने राजा से अपने पुत्र भरत के लिए राजसिंहासन माँगा और श्रीराम के लिए चौदह वर्षों का वनवास···।

उसके बाद··· ?

उसके बाद तो चारों ओर हाहाकर मच गया। आर्य सुमंत्र ने मेरे पिताश्री को बताया, राजा शोकाकुल हो गए और पूरी अयोध्या पर दुःख की कालिमा छा गई।

सत्यकीर्ति, आपको भी बहुत वेदना हुई होगी ?

जी, आचार्यश्री, किंतु मेरे पास समय कहाँ था ? मुझे तो आप तक पहुँचने के लिए एक बड़ी तैयारी करनी थी न···, पूरे बीस दिन लगे हैं यहाँ आने में···! आपके दर्शन का उतावलापन ऐसा था कि मेरी निद्रा गायब हो गई थी। अब मैं जाऊँ, मुझे गहरी नींद का अनुभव होने लगा है।

उचित है। तुम जा सकते हो···। स्नान कर लेना, विश्रांति दूर होगी।

देश-कालविद् थे अगस्त्य! वे स्पष्ट देख रहे थे—प्रलोभन से प्रलोभन का जन्म, कपटपूर्ण चातुर्थ द्वारा रचा गया क्रूर विधान! एक दासी कुब्जा का

रानी कैकेयी के मस्तिष्क में विष घोलने का प्रयोजन बनना। बाह्य तमस से बड़ा मन का तमस हुआ करता है। अब पूरी सृष्टि में कठोर दुरभिसंधि का पर्याय मंथरा और कैकेयी जैसी स्त्रियों को माना जाएगा।

तो क्या राम भी यही चाहते थे?

राजवैभव का त्याग, वनवासी जीवन का स्वीकार! उनके जन्म का प्रयोजन स्वत: सिद्ध हो, यह विचार उनके मन में आया होगा न···! वन में चौदह वर्षों का वास अर्थात् वन के परिदृश्य का भी सात्त्विकता, सुरम्यता से युक्त होना!

□

विशाला माँ के कक्ष में रोमहर्षिणी, सुकेशी, कोमला, सुरम्या विद्यमान थीं। उनकी शंकाओं का समाधान पितामही के पास था।

आओ बालिकाओ, यहाँ मेरे पास विराजो।

पितामही, आज हम आपसे एक गंभीर प्रश्न पर वार्त्ता करने आई हैं।

बोलो पुत्री, मैं यथासाध्य तुम्हारी, तुम सबों की शंकाओं का समाधान प्रस्तुत करूँगी।

आर्ये, हमारा प्रश्न यह है कि पुरुष समाज में बहुविवाह के लिए आकर्षण क्यों? स्त्री पतिव्रता बनकर रहे, अपने स्वामी के प्रति पूर्ण अनुगता बनी रहे और पुरुष अपनी इच्छा से जितने चाहे, विवाह करे, इसका कोई औचित्य समझाएँगी आप··· ?

विशाला माँ ने मधुर हास के साथ उत्तर दिया था—

हर्षिणी, सुकेशी, स्पष्ट ज्ञात हो रहा है कि आप लोगों ने पहले भी यथेष्ट विचार-विमर्श कर लिया है। आपके इस प्रश्न की पृष्ठभूमि भली-भाँति समझ पा रही हूँ।

आपने उचित समझा—श्रीराम की विमाता नहीं होतीं, तो उन्हें राजा बनने से कौन रोक सकता था?

कोमला का प्रतिवाद अपनी तरह का था सुना है, राजमाता कौशल्या सर्वगुण संपन्न हैं, फिर द्वितीय, तृतीय विवाह की राजा को आवश्यकता क्या थी… ?

विशाला माँ ने क्षण भर के नेत्र मूँद लिये थे—

तपोवन का तप धन हैं ये कन्याएँ! इनके मन में उठते विचारों को तर्कसंगत समाधान चाहिए।

उन्होंने गंभीरतापूर्वक वार्त्ता प्रारंभ की थी—कल्याणी,

आपकी तरह मैं भी यही विचार रखती हूँ—पुरुष महाराज दशरथ हों या कोई भी साधारण गृहस्थ, एक पत्नीव्रत ही उसका धर्म होना चाहिए। हमारे ऋषिकुल में यह दूषण नहीं है। किंतु राजनैतिक कारणों से, वैभव विलास की आकांक्षा से, काम वासना के अतिरेक से राजपुरुष ऐसी स्थिति को प्राप्त होते हैं।

हर्षिणी, राम की दोनों विमाताएँ उन्हें अपने पुत्रों से अधिक प्रेम देती हैं। नियति ने मंथरा दासी को निमित्त बनाया। वह वक्रबुद्धि थी। उसने कौशल्या के इष्ट में महारानी कैकेयी का अनिष्ट देखा, कैकेयी की अंतर चेतना में दुराग्रह के कीटाणु पूर्व से ही विद्यमान थे, तभी तो राम के राज्याभिषेक का संवाद उसके अमर्ष का प्रयोजन बना। मंथरा ने तो उसे उकसाया भर था।

पुत्री, मनुष्य के धैर्य की परीक्षा सदैव आपद्‌काल में हुआ करती है। राम प्रारब्ध का सहज स्वीकार इसलिए करते हैं कि राजसिंहासन मात्र उनका उपजीव्य नहीं। कतिपय महान् कार्य उनके द्वारा संपन्न होने हैं, अतएव कैकेयी के कठोर आदेश को सहजता के साथ स्वीकार करते हैं वे! ऋषि सत्ता के वैराग्य वैभव से जुड़कर उनका राष्ट्र-बोध और भी सचेष्ट होगा, परिपूर्ण होगा।

राम से जुड़ा हुआ कोई भी संवाद मलय पवन की गति से प्रसरित होता संपूर्ण तपोवन में व्याप्त हो जाता था। अगस्त्य के अतिरिक्त, अत्रि, शरभ…, भरद्वाज, वाल्मीकि सबके आश्रमों में एक शांत प्रतीक्षा विराजमान

थी। जप, यज्ञ, याग, ध्यान सबमें एक ही भाव··· राम! ज्ञान के परम सत्य की साक्षात्कार वेला सन्निकट थी।

□

वल्कल चीर धारण कर राम अपनी भार्या सीता और अनुज लक्ष्मण के साथ गंगा के दक्षिणी तट पर पहुँच चुके हैं। यह वत्स देश है। दो पवित्र नदियों का संगम स्थल। ऋषि भरद्वाज का आश्रम समीप है। महाराज दशरथ ने अश्रुरुद्ध कंठ से कहा था—सीता की सुकुमारता कदापि वन के योग्य नहीं है। मेरी प्राणप्रिय पुत्रवधू को पूरी सुरक्षा देना। ये सदैव तुम दोनों भ्राताओं के मध्य भाग में रहे।

राम के विचारों में सीता हैं—आप क्लांति का अनुभव कर रही हैं न! सीते, सामने वटवृक्ष है। आइए, थोड़ी देर विश्राम करें। अनुज लक्ष्मण, आओ, यहाँ विराजो!

सीता लोकव्यवहार बुद्धि का परिचय देती हैं—आर्य, संध्या से पूर्व महर्षि भरद्वाजजी के आश्रम में पहुँचना है न! मैं तनिक क्लांत नहीं! हम आगे बढ़ते चलें।

भरद्वाज ऋषि का आश्रम निकट है। कल्याणकारी परिवेश की अनुभूति होने लगी है। सघन वृक्षों से छनकर अंतरिक्ष की ओर उठता यज्ञधूम, निर्भय जुगाली करते मृगकुल, वृंत्तों पर शांत बैठे वनपाखी! श्यामकोकिला की कूक में भी एक अनुशासन है—

अतिथि द्वार पर पधारे हैं!

भरद्वाज के रोम-रोम में श्रवण उग आए हैं। निश्चय ही ये राघव हैं। राजीव लोचन, प्रिय रघुनंदन!

पुत्र अक्षयमान, जाओ, सादर सबको कुटीर के भीतर ले आओ।

शिष्यों की एक टोली जल से भरा मृत्तिका घट लिये अगवानी कर रही है। राम, सीता, लक्ष्मण के पाँव धुलाती आह्लाद से भर उठी है—

गुरुदेव अहर्निश जिनका स्मरण करते रहते हैं, ये वे ही अपरूप छविवाले श्रीराम हैं।

राम के मुख पर त्रैलोक्य विजयिनी मुसकान है। अक्षयमान उनके हाथों से धनुष-तूणीर लेकर यथास्थान रखते हैं—

आर्य, पधारें!

भरद्वाज की खुली हुई भुजाओं में राम का पूरा अस्तित्व समाहित है।

तीन जन्म माँगे थे मैंने, अपने ब्रह्मज्ञान की परिपूर्णता के लिए! श्रीराम, आपके दर्शन मात्र से मेरे समस्त संकल्पों की सिद्धि हो गई।

शिष्यमंडली इस प्रगाढ़ भक्ति को देखकर श्रद्धा-विनत है—

फलों के दोने, शहद के कसोरे-उष्ण दूध का पात्र राम का विनत स्वर—

आपके दर्शन मात्र से ही मैंने सबकुछ प्राप्त कर लिया।

ऋग् के उद्गाता भरद्वाज स्मरण कर रहे हैं—जन्म देनेवाले माता-पिता ने निस्सहाय छोड़ दिया था, तब मरुत् ने उनकी रक्षा की थी। संगम का यह तट अक्षय वट की शीतल छाया और स्वाध्याय का संबल। मन में एक ही अतृप्ति का भाव था, जो आज पूर्ण हुआ। पिता-माता, बंधु सभी रूपों की एकत्र साकारता श्रीराम में मिली। राम निर्निमेष ऋषि का मुख निहार रहे हैं—ऋषिवर, मैं आपके समक्ष हूँ। तात, वनवासी होने का यह मेरा नवीन अवसर है। कृपया मार्गदर्शन करें।

अमृत की तरह शांत स्निग्ध वाणी! भरद्वाज इतने बड़े सुख को खोना नहीं चाहते—

राम, मेरा यह आश्रम आपका है। आप यहीं रहें। जनकनंदिनी, श्री लक्ष्मण, आप तीनों को यहाँ कोई भी कष्ट नहीं होगा।

जिनके दर्शन मात्र ये सारी पीड़ाएँ दूर हो जाती हों, उनकी छत्रच्छाया में

निवास करना मेरे लिए सबसे बड़ा सौभाग्य होगा। किंतु ऋषिवर, यह स्थान मेरी नगरी अयोध्या के निकट है। मेरे प्रिय नगरवासियों को ज्ञात होगा और वे मुझसे मिलने के लिए बारंबार यहाँ आना चाहेंगे। मेरा वनवास निष्फल होगा और आपकी विद्यासाधना में भी व्यवधान उत्पन्न हो जाएगा। मेरे वनवास की अवधि सुदीर्घ है। चौदह वर्षों की! अतएव, प्रभु कृपया निर्दिष्ट करें, मुझे किस स्थान पर निवास करना चाहिए… ?

ऋषि सजल नेत्रों से राम की ओर देखते हैं।

सुंदर वनों से आच्छादित, सब प्रकार से सुरक्षित स्थल है चित्रकूट! आर्य राम, मेरे शिष्यगण यहाँ से आगे का पथ बताने के लिए आपके साथ जाएँगे।

भरद्वाज सुध-बुध खोकर देखते रहते हैं। चौदह वर्षों के पश्चात् राम, लक्ष्मण, जानकी पुनः इसी मार्ग से लौटेंगे।

ऋग्, अथर्व के ज्ञाता, साम के गायक भरद्वाज की अंतश्चेतना में राम समाहित हैं। विदा के समय यही तो कहा था जानकी पति ने—

गुरुवर, आशीर्वाद दें! आपके मुख से निःसृत शब्द मेरे लिए कल्पतरू के समान हैं। मनोरथ सिद्धि के पश्चात् हम तीनों आपके दर्शनार्थ यहाँ आएँगे!

अगस्त्य ने लोपा को संवाद दिया था—

आर्ये, श्रीराम शीघ्र ही वाल्मीकि ऋषि के आश्रम में पधारने वाले हैं। महाभागा जानकी के लिए उपयुक्त व्यवस्था का दाय आपका। वे महर्षि भरद्वाज के आश्रम से निकल पड़े हैं। उन्होंने ही अपने शिष्य चित्ररथ से यह संवाद भेजा है।

आर्य, मैंने व्यवस्था की है। पुष्करिणी के निकट स्थित अतिथि कुटीर की सज्जा हर्षिणी और उसकी सखियों ने मिलकर की है। आप निरीक्षण करना चाहें तो…

मुझे आपके गृह कौशल पर पूरा भरोसा है और हर्षिणी आपका प्रतिबिंब है। मैं आश्वस्त हुआ।

लोपा को ज्ञात था, ऊपर से तटस्थ दिखाई पड़नेवाले, विज्ञान बुद्धि से कार्य करनेवाले उनके पति के हृदय में अत्यंत कोमल भावों की मंदाकिनी सतत प्रवाहित थी। कभी हृदय का आवेग उमड़ता, तो विशाला माँ की गोद में मुख छिपाकर रो पड़ते—

माते, आपका ममत्व भरा स्पर्श ही मेरे लिए सबसे बड़ा सुख है। कभी सोचता हूँ आप नहीं मिली होतीं तो आपका यह अग भी नहीं होता! संसार की सभी माताएँ ऐसी ही होती होंगी न···!

हाँ पुत्र, तू वृथा दुःखी होता है। अग, प्रारब्ध ने ही तो इतनी महती कृपा मुझपर की। पुत्र, तुम्हें और लोपा को प्राप्त कर मैं तो सब प्रकार से परिपूर्ण हूँ। कौन कहेगा कि मेरा बेटा दो संतानों का पिता है! अभी भी वही निष्पाप बाल-बुद्धि! अच्छा, बता तो, भूख लगी है, शिरो व्यथा हो रही है? क्या उपचार करूँ तेरा?

उस दिन अगस्त्य ने पूछा था—

माते, राम के विरह में कौशल्या की मर्मव्यथा का अनुमान लगाता हूँ तो भयकंपित हो उठता हूँ। पति और पुत्र दोनों का एक साथ दुस्सह वियोग··· विशाला माँ को वह कथा ज्ञात थी—

पुत्र, तुमने सकल वाङ्मय का चिंतन-मनन किया है। सनातन सत्य को पारिभाषित किया है। मेरा अनुभव कहता है, कभी किसी निरपराध को दंडित मत करो। राजा दशरथ ने मृगया के आवेश में यही क्रूर कर्म किया था। मातृ पितृभक्त श्रवण कुमार का वध और उसके माता-पिता के मुख से निकली वेदनातप्त वाणी—

दशरथ को यह दंड मिलना ही था। किंतु कौशल्या! उन्होंने तो कोई भी अपराध नहीं किया था। उन्हें पति के किए का दंड भुगतना था। मृगया का व्यसन ही राजा के अपघात का कारण बना।

☐

महामानव राम की संकल्प-यात्रा आगे बढ़ रही है।

यह वाल्मीकि ऋषि का पावन आश्रम है। फूलों का सुंदर मुकुट धारण करने वाले वृक्ष, सरोवर में खिले पुष्प, अद्भुत अनुराग से भरे पशु-पक्षी!

राम आए हैं। वन प्रांतर में, विस्तृत तपोवन में एक ही गुंजार—

श्रीराम आए हैं!

वाल्मीकि स्वयं आगे बढ़ते हैं—भार्या और भ्राता सहित राम आपका अभिनंदन है।

कुश की शीतलपाटी बिछी है। राम अपने वनवास की कथा सुना रहे हैं—

मुनिवर, मेरे गत जन्मों का पुण्य-फल ही तो है—पिता के वचन का पालन, माता कैकेयी का आदेश! एक अयाचित वरदान की तरह यह घटनाक्रमम मुझे अक्षय पुण्य प्रदान करनेवाला है। आपका आतिथ्य पाकर हम तीनों कृतार्थ हुए। अब कृपापूर्वक आगे का पथ निर्दिष्ट करें, ताकि हम आप सदृश संतों की आशीष छाया में वनवास की अवधि को निर्विघ्न पूर्ण कर सकें।

वाल्मीकि आत्मतोष से पूरित हैं—राम, आपका वास तो प्रत्येक निश्छल मनुष्य के हृदय में है। आपकी प्रकृति सनातन धर्म की रक्षा करनेवाली, बिना किसी भेदभाव के प्रत्येक प्राणी में समत्व देखने वाली है। तब भी, मैं परामर्श दूँगा कि आप चित्रकूट जैसे रम्य स्थान को अपना आवास बनाएँ। आर्या सीता के लिए भी यह स्थान सर्वभावेन अनुकूल होगा।

☐

मंदाकिनी तट···!

ऋषि-मुनियों का पावन तीर्थस्थल, लक्ष्मण की श्रम साध्यता, राम का प्रयत्न लाघव! सीता भी पीछे नहीं! उनकी राम रसोई सजने लगती है।

वनवासी स्त्री-पुरुष साथ आते हैं—हमारे कुल-परिवार के साथ राम, सीता और लक्ष्मण का हित जुड़ने वाला है। यह पर्णकुटी सुंदर बननी चाहिए।

सुरम्य पर्वत पर निवास करनेवाले मुनिगण राम से मिलने आते हैं। वे उनके सुहृद हैं, वर्षों एक कुटुंब की तरह उनके साथ रहनेवाले हैं।

सीता अपने कुटीर के वैराग्य वैभव को पाकर सुख विभोर हैं! कोई आभूषण नहीं, कोई अतिरिक्त साज-शृंगार नहीं! गैरिक वसना जानकी के सुचिक्कन केशों के बीच सिंदुर की रेखा कितनी मनभावन प्रतीत हो रही है! तापसी सीता की सौभाग्य श्री!

अत्रि ऋषि ने लोपामुद्रा को यही सिंदूर उपहार स्वरुप दिया था। अनसूया के आशीर्वचनों के साथ उन्होंने स्नेह भरी चेतावनी भी तो दी थी—

लोपे, मैं अत्रि ऋषि, वय में तुम्हारे ज्येष्ठ भ्राता की तरह हूँ। अतएव, अनुसूया तुम्हारी भ्रातजाया हुई न! उन्होंने यह सिंदूर देते हुए कहा था—स्त्री जाति के संपूर्ण सौभाग्य और चतुर्दिक् मंगल का वरदान है यह प्रकृति प्रदत्त उपहार! नित्य स्नान के पश्चात् यह सिंदूर अवश्य धारण करना! समझना, पितृगृह की सबसे मूल्यवान् भेंट है यह सुंदर चूर्ण!

राम प्रश्न करते हैं—

सीते, सूर्य की प्रथम रश्मि की तरह मनोहर लाल यह रेखा पवित्र प्रतीत हो रही है। कहाँ से पाया यह सिंदूर?

सकुचाती हुई श्री जानकी सामने खड़े वृक्ष की ओर इंगित करती हैं—लाल-लाल फूलों के गुच्छों से पूरा वृक्ष आच्छादित! धरती पर गिरे फूलों को उठाया तो उनकी भीतर से यह चूर्ण प्राप्त हुआ।

तो आपकी धरती माता ने यह उपहार दिया है! आपके ललाट पर यह तिलक बिंदु भव्य दिखाई दे रहा है।

लक्ष्मण सूखे हुए काष्ठ चुनकर लाते हैं। उनके सुंदर गौर मुख पर गहन चिंता के भाव हैं।

सीता तत्क्षण राम को सूचित करती हैं—

आज देवरजी का मुख मलिन प्रतीत होता है।

लक्ष्मण!

राम का स्वर सुनकर लक्ष्मण तुरंत लौटते हैं!

भ्राता श्री!

तुम चिंतित प्रतीत हो रहे हो, कोई विशेष बात?

मुनिगण भी काष्ठ चुनने आए थे। भ्रातश्री, वे खिन्न थे। आपसे मिलने की इच्छा लेकर वे लोग यहाँ पधारेंगे, ऐसा कह रहे थे।

ऐसी क्या बात हो गई? मैं स्वयं जाकर उनसे पूछना चाहता हूँ।

कारण मुझे ज्ञात है।

तो कहो अनुज…!

भ्राता श्री, आप जब से इस चित्रकूट पर्वत पर निवास करने लगे, तब से लेकर आज तक चतुर्दिक् सुख-शांति थी। ऋषियों के आश्रम भी सब प्रकार से सुरक्षित थे, लेकिन भ्राता भरत और उनके साथ अयोध्या की विशाल सेना के आगमन के पश्चात् परिस्थिति बदल गई है। सबको, यहाँ तक कि असुरों को भी यह ज्ञात हो गया है कि हम यहाँ पर्णकुटी में निवास कर रहे हैं। उनका उपद्रव बढ़ने लगा है। ऋषिकुल को अब यह स्थान अनेक कारणों से विरक्ति देने लगा है। वे दंडकारण्य की ओर प्रस्थान करना चाहते हैं।

दंडकारण्य!

सर्वथा उचित स्थान है!

राम की भावनाएँ एक दूसरी दृष्टि से परिस्थितियों का अवलोकन कर रही हैं। भरत की करूणा, वैधव्य की वेदना से भरी तीनों माताओं का मूक क्रंदन, उर्मिला के शुष्क नेत्रों का दाह, गुरुदेव वसिष्ठ की शास्ति—अयोध्या

लौट चलो राम, निषाद राज की अश्रु सनी प्रीति—श्रीराम, मैं भी आपके साथ चलूँगा।

मोहपाश में बँधना तप मार्ग की सबसे बड़ी बाधा होती है। कौशल्या माता जबसे चित्रकूट से लौटी हैं, बाणविद्ध हिरणी सी उनकी आर्त्त पुकार राम को विकल बना देती है—

पुत्र, तुम्हारे बिना जीवन कैसा ?

यदा-कदा अर्द्धरात्रि में तीनों माताओं का करुण वेश उनके सामने होता है।

राम सद्यः निर्णय लेते हैं, यह आसक्ति मेरे पथ की बाधा नहीं बनने पाए, मुझे यह स्थान छोड़ना होगा।

लक्ष्मण तत्पर है। धनुष-बाण धारण करते तीनों वनवासी निकल पड़ते हैं।

चरैवेति···चरैवेति···यह यात्रा अयोध्या के युवराज राम की नहीं, लोककल्याण के लिए व्रतबद्ध उस मर्यादापुरुष राम की है, जिन्हें विपदाओं के न जाने कितने बीहड़ वन पार करने हैं!

दंडकारण्य समीप आ रहा है। सीता के पाँव में कंटक चुभा है। वे धीमे स्वर में कहती हैं—आर्य, तनिक रुकें।

राम की पीड़ा जानकी से अधिक है—आप इस वृक्ष की छाया में बैठें। यह शूल बहुत कष्ट दे रहा है न··· !

अनुज, कहीं से जल ले आओ!

अत्रि सरोवर समक्ष है। लक्ष्मण अपना उत्तरीय निचोड़कर जल देते हैं। शूल निकालने के बाद रक्त प्रवाह रुकता है। सीता लज्जित भाव से कहती हैं—मैंने आप दोनों को वृथा कष्ट दिया न··· !

राम जानते हैं सीता ने बबूल की उस भग्न शाखा को जानबूझकर मार्ग

से हटाने का प्रयास किया था—

मेरा पथ निष्कंटक करने के लिए आपने अपना पाँव आगे बढ़ा दिया। तब भी व्यथा तो मुझे ही अधिक हुई न···! सीते, सचेष्ट होकर चलें!

वयोवृद्ध अत्रि ऋषि का आश्रम दिखाई देने लगा है।

महर्षि के चरणों में दशरथ-सुत राम का प्रणाम निवेदित है।

कितनी मोहिनी मूरत···! जीवन भर की, नहीं-नहीं, तीन-तीन जन्मों के तप की साकारता है यह!

आर्या अनसूया, कक्ष से बाहर आएँ। देखें तो सही, अतिथि रूप में साक्षात् ईश्वर पधारे हैं, हमारी कुटिया में श्रीराम आए हैं!

अगाध भक्ति की विद्युत्-तरंगें ऋषि के तन-मन में नर्तन की स्फूर्ति भर रही हैं।

वेदविद्या के सम्यक् अध्ययन के लिए तीन जन्म माँगे थे मैंने! ज्ञान की विराटता को अपने भीतर समाहित करने के लिए तीन जन्म बहुत कम होते, किंतु आज मेरे शतजन्मों का पुण्य फल प्राप्त हुआ राघव···अब तो कुछ भी पाना शेष नहीं!

पुत्री सीते, तुम ऊर्विजा हो। तुम्हें देखने के लिए, तुम्हारा स्नेह स्पर्श पाने के लिए अनसूया विकल बाट जोह रही हैं। अब तुम आ गईं न, इस युगल जोड़ी के साथ दिव्य धनुर्धर लक्ष्मण को देखकर हम दोनों पूर्णकाम हुए।

अनसूया मिष्टान्न और फलों से भरे दोने लेकर बाहर आई थीं। सीता ने त्वरित उनके हाथों से फलाहार का पात्र सँभाला था—

माते, आपने क्यों कष्ट किया?

पुत्री, जब पितृगृह में आती है, तब उसके पद पखारते की परंपरा है। आर्य राम, आप हमारे पाहुन हैं। आप दोनों भाइयों के दर्शन कर मेरा मातृत्व सार्थक हुआ है। मैं सीता को अपने साथ लिये जाती हूँ।

श्वेतकेशी अनसूया का वात्सल्य क्षीर समुद्र की तरह था। सीता उनके अंक में सिमटकर बिलख उठी थी—

पुत्री, पैरों में व्यथा अधिक हो रही है? लाओ, यह लेप लगा दूँ, यह वनौषधि रामबाण की तरह है। व्रण शीघ्र ही भर जाएगा।

अनसूया के हृदय में जनकनंदिनी के लिए विलक्षण करुणा थी—

विधि का विधान अकथ्य है पुत्री! दोनों कुलों का स्वर्गिक सुख विभव त्यागकर राजकुँवरि का, राजकुँवरों के साथ सघन वन में भटकना सहज कार्य नहीं। तुम्हारा पतिव्रत धर्म त्रैलोक्य में प्रशंसनीय है।

माते, आर्य राम ने पिता को दिए गए वचन का पालन किया। पति के पदचिह्नों का अनुसरण ही मेरा धर्म हुआ न…!

तुम्हारी माता के दिए हुए सुंदर संस्कार ही तुममें साकार हैं। तुम्हारा नाम लेकर आर्य ललनाएँ अपने धर्म का मार्ग सुनिश्चित करेंगी।

पुत्री, वार्धक्य का वेग अधिक होने के कारण अब शरीर में कंपन का अनुभव होता है। तुम्हारे लिए मैंने एक छोटी सी भेंट सँजोकर रखी है। वह काष्ठपिटारी इधर देना।

यह दिव्य पहिरन है। मैंने मंत्रबल से इसे सिद्ध किया है। मेरी महती आकांक्षा है कि तुम इन वस्त्राभूषणों को धारण करो।

ये सभी प्रकार के अशुभ तत्त्वों से तुम्हारी रक्षा करेंगे, तुम्हारे लिए रक्षाकवच का कार्य करेंगे।

जानकी अनसूया के तप तंत्र से बुने वस्त्र और दिव्य आभूषण धारण करती हैं।

राम विदा माँगते हैं और अत्रि ऋषि की दृष्टि करुणा के वाष्पकणों से धुँधली हो जाती है—

जयी बनो! तुम्हारे पुनरागमन की प्रतीक्षा रहेगी।

महर्षि अत्रि के शिष्य साथ हैं। आगे, पीछे सब ओर से प्राणप्रिय अतिथियों को अपनी सुरक्षा परिधि में आबद्ध किए वे मंत्रमुग्ध बढ़ रहे हैं।

राम को कौतुक सूझता है—नव ऋषिगण, इस सघन वन में आप निःशंक भ्रमण करते हैं, आपको भय नहीं लगता?

लगता है आर्य, लेकिन हमारे कुलपति आचार्य अत्रि ने हमें अस्त्र-शस्त्रों का कठोर अभ्यास कराया है। किसी निर्दोष पर हम आघात नहीं करते, कोई अपराधी हमसे बचकर नहीं निकल सकता। मंत्र-शक्ति साथ हो तो स्वतः निर्भयता आ जाती है।

एक शिष्य ने बड़ी विनम्रता के साथ पूछा था—आर्य, पुनः कब आना होगा?

राम की गुरुगंभीर स्मित ही इस प्रश्न का उत्तर है। अयोध्या छूटी, माता कौशल्या का ममत्व छूटा, पिता गोलोकवासी हुए, भाग्य आगे-आगे चल रहा है, देखिए, कहाँ जाना हो!

राम अत्रि ऋषि के शिष्यों को सयत्न विदा करते हैं—आपका आभार! हम बहुत दूर निकल आए हैं, आप लोगों का लौटना ही हितकर होगा।

आर्य, समक्ष ही शरभंग ऋषि का, तत्पश्चात् सुतीक्ष्ण और अगस्त्य ऋषि का निवास-स्थल है। आप आज्ञा दें तो हम थोड़ी दूर और चलें!

बंधु, हमारी यह यात्रा अनंत है, आप अपने आश्रम की सीमा से बाहर न आएँ!

ऋषिगण अपने-अपने उटजों से बाहर आकर राम, लक्ष्मण, सीता के दर्शन पाकर सुख पुलकित हैं। निर्जन कानन में वनवास की ठौर ढूँढ़ते, ऋषि-मुनियों का समादर करते राम… !

अगस्त्य की शिष्यमंडली पूर्ण सचेष्ट है।

गुरुदेव आपका आदेश हो तो महर्षि शरभंग के आश्रम से किंचित् दूरी पर ऋषियों के सत्संग का लाभ उठा रहे श्रीराम को अपने साथ लिवा लाएँ?

शिष्यमंडली अधीर है। वे स्वयं ऊपर से शांत दिखने का प्रयत्न कर रहे हैं, किंतु उनकी अनंत जिज्ञासा सहस्त्रार के सोपान पर टिकी अंतर्दृष्टि के द्वार खोलकर प्रत्येक दृश्य की साक्षी बनी हुई हैं—

अभी नहीं पुत्र, थोड़ा धैर्य और! शरभंग ऋषि के प्राण कंठगत हैं। शरीर छोड़ने से पहले वे राम के दर्शन के लिए अधीर हैं। यह अवधि श्रीराम से उनके एकांत मिलन की है। जीव के पास स्वयं ब्रह्म चलकर आया है।

भक्ति योग की प्रतिमूर्ति ऋषि शरभंग! एक दिन महर्षि कुल के सम्मिलन के पश्चात् उन्होंने अगस्त्य से कहा था—

आचार्य, आपसे अपनी मनोव्यथा कहना चाहता हूँ। शरीर त्याग की अवधि समीप है। मोक्ष प्राप्ति के पहले मुक्तिदाता को एक बार साकार देखना चाहता हूँ। अगस्त्य ने उन्हें आश्वस्त किया था—

प्राणायाम साधे रखें ऋषिवर! निश्चय आपका संकल्प पूरा होगा। राम अपनी भार्या सीता और अनुज लक्ष्मण के साथ आपके कुटीर पर अवश्य पधारेंगे।

उसी समय से शरभंग ने अपने कुटीर का द्वार खुला रखा है। उनकी अविचल दृष्टि सामने पथ पर टिकी है। वे तुरीयावस्था में हैं।

शरभंग का रोम-रोम राजीव लोचन में रमा है। वे प्रस्तर प्रतिमा बने बैठे हैं।

देह की समस्त शक्ति आँखों में सिमट आई है।

राम आने ही वाले हैं,

राम आ गए···।

शरभंग की क्षीण काया श्रीराम की प्रलंब भुजाओं में सिमट गई है— अंतिम विदा के पूर्व सर्वप्रिय श्रीराम का अंक मिला! मेरा पथ सुगम हुआ। मृत्यु तरणि पर चढ़ने के पहले आपने मुझे संबल दिया। अब बैकुंठ भी अभिप्रेत नहीं।

ऋषि सुतीक्ष्ण की भावविह्वलता अन्य प्रकार की है। शरभंग को सद्गति मिली, यह संवाद सुनते ही वे भक्ति से बावले हो उठते हैं—

क्या करूँ···, मेरे इष्ट आनेवाले हैं, किस प्रकार उनका स्वागत, सत्कार करूँ!

वे अपने शिष्यों को एकत्र करते हैं—जहाँ तक आश्रम की परिधि है, आप लोग पंक्ति बनाकर अनुशासनबद्ध खड़े हो जाएँ। आपके हाथों में गैरिक ध्वज हो और आपकी दृष्टि उस दिशा की ओर देखती हुई सचेष्ट रहे, जिधर से हमारे सुकुमार अतिथि आनेवाले हैं।

मनस्विनी सीता के लिए पुष्पहार बनाकर रख लें! मृत्तिका कलश में शीतल जल और व्यंजन तैयार रखें···। आज सांध्य वंदना मैं स्वयं कर लूँगा। आप राम वंदना के लिए प्रस्तुत रहें।

अगस्त्य अपने प्रिय शिष्य की एकाग्रचित्तता से भलीभाँति परिचित हैं।

कोई भी कार्य, कोई भी अनुष्ठान एक बार संकल्पित हुआ तो दक्षिण वाम कुछ भी नहीं सूझता। एक बार यज्ञ की समिधा लाने के लिए अरण्य में गए तो लौटे ही नहीं। पीछे-पीछे जो ब्रह्मचारी गए, उन्होंने बताया—सूखी लकड़ियाँ मिली नहीं। घोर वन प्रांतर में चले गए और लौटते समय मार्ग भटक गए···।

अगस्त्य ने कृत्रिम क्रोध दिखाया था—वन मे कितने ही हिंस्र पशु हैं, कोई आपको आहार बना लेता तब··· ? किसने आपका नाम सुतीक्ष्ण रखा ?

गुरुवर, आपने···! आपने ही तो शिक्षा दी है, मार्ग कितना भी कठिन हो, धैर्यपूर्वक अपना लक्ष्य प्राप्त करना ही सुकर्म होता है और फिर यह पूरा क्षेत्र आपके प्रभाव में है। सारे वन्यपशु अन्यत्र चले गए, ऐसा प्रतीत होता है।

शिष्य के इस भोलेपन पर बरबस रीझ गए थे वे।

उन्होंने भार्या लोपा को समझाया था—सुतीक्ष्ण ने दो दिनों से कुछ भी आहार नहीं लिया है। राम के साथ वे और उनके कतिपय शिष्यगण भी

पधारेंगे। सबके भोजन, शयन आदि का प्रबंध···

आर्य, आप आश्वस्त रहें। मेरी पाकशाला समृद्ध है। कंदमूल-फल के अतिरिक्त और भी बहुत कुछ है। मेरी पर्णकुटी में सबका स्वागत है।

सुतीक्ष्ण प्रतिक्षण अगस्त्य का स्मरण कर रहे हैं—गुरुवर, आप सरीखी ज्ञान गरिमा मुझमें नहीं, मैं केवल भाव का अर्घ्य लेकर ही दिव्य अतिथियों का पद प्रक्षालन करूँगा। दंडकारण्य के इतिहास में शताब्दी की पहली ऐसी घटना घटित होने जा रही है, जब ईश्वरत्व का प्रमाणक बनी कोई अलौकिक शक्ति अभयदान देने के लिए स्वयं चलकर उटज द्वार पर पहुँची है!

भाव का भूखा तो प्रत्येक जीव होता है। जीवमात्र ही क्यों, इस जगती के चल-अचल, समस्त तत्त्व भाव-स्पर्श पाते ही प्रफुल्ल हो उठते हैं। वृक्ष, पादप, पत्र, वल्लरियाँ, यहाँ तक कि दूर्वादल भी! ममत्व पाकर सबमें नवजीवन का संचार होता है।

सुतीक्ष्ण उठो, मानवता का उद्घोषक तुम्हारे समक्ष खड़ा है। ···गुरुवर अगस्त्य ऋषि का स्वर—अरे, तो क्या गुरुदेव भी श्रीराम के संग पधारे हैं।

सुतीक्ष्ण के नेत्र खुलते हैं—

ऋषिवर, मैं दशरथ-पुत्र राम, यह मेरा अनुज लक्ष्मण और ये मेरी सहधर्मिणी सीता!

ऋषि की सुध-बुध चली गई है। वे जड़ हो गए हैं—राम, क्या सचमुच राम···!

श्रीराम आगे बढ़कर सुतीक्ष्ण को अपने गले लगाते हैं। जड़ता चैतन्य होती है।

अश्रु रुकने का नाम ही नहीं ले रहे। राम के विशाल नेत्रों में प्रेम की आर्द्रता है, सीता की पलकें भीगी हैं। लक्ष्मण मन-ही-मन सुतीक्ष्ण ऋषि की प्रेम प्रगाढ़ता की अनुभूति करते अपने जन्म को धन्य मान रहे हैं—

किन जन्मों का पुण्यकाल मानूँ? श्रीराम मेरे अग्रज हैं, यही गौरव-बोध

मेरे जीवन की सबसे बड़ी संपदा है।

मुनिवर, स्वस्थ हों! मुझसे वार्त्तालाप करें। मुझे जल दें!

पद्मनाभ, शीघ्रता करो पुत्र, जलपान का प्रबंध करो···। राम, क्षमा करेंगे···। अतिशय सुखजनित उद्भ्रांति ने मुझे बाँध लिया था।

गुरुवर, आपके विशाल हृदय की ममता ने मुझे बेमोल क्रीत किया। भक्ति दोनों ओर सम है। जानता हूँ आर्य राम! अयोध्या के प्रत्येक मुहूर्त को मन में जिया है मैंने। बड़भागी हुआ मैं!

आर्या सीते,

मेरे आश्रम में कोई स्त्री नहीं है, जो आपकी अभ्यर्थना कर सके। किंतु यह संपूर्ण परिसर, मेरे शिष्यगण, सब आपकी सेवकाई के लिए प्रस्तुत हैं। कल्याणी, जो भी फल उपलब्ध हों, स्वीकार करें···!

सीता की विनयशीलता प्रकट होती है—आप मेरे पिता तुल्य हैं। जनकपुरी से बढ़कर मेरे लिए आपकी यह पर्णशाला है। महात्मन आपके अगाध प्रेम की मंदाकिनी में अवगाहन करके मैंने सबकुछ पा लिया।

अब आज्ञा दें ऋषिवर, यात्रा अपूर्ण है। अवधि बड़ी है। आगे महाज्ञानी अगस्त्य ऋषि के आश्रम में रुकने की अभिलाषा है।

क्यों नहीं! श्रीराम, मेरे गुरु ने ही तो मुझे सच्चा प्रबोध दिया है। मेरी मति के अनुरूप उन्होंने मुझे ब्रह्मज्ञान दिया और मेरे लिए इस स्थान पर गुरुकुल की व्यवस्था की।

□

राम, मैं भी आपके साथ चलूँगा। एक पंथ, दो अभीष्ट संग-संग सिद्ध होंगे। मैं आपके मार्गदर्शक के रूप में रहूँगा और गुरुवर के दर्शन का पुण्य भी प्राप्त करूँगा।

आगे-आगे सुतीक्ष्ण चल रहे हैं, पीछे-पीछे श्रीराम उनका अनुसरण करते हुए बढ़ रहे हैं। कहीं रुककर मार्ग के कुश कंटक हटा रहे हैं, कहीं

वनपुष्पों से भरे वृक्षों का सौंदर्य दिखाने के व्याज से राम का सुंदर मुख निहार रहे हैं—

यह मार्ग इतना लघु क्यों है ?

कितना शीघ्र गुरुदेव का आश्रम आ गया!

थोड़ी देर के लिए वे चपल बालक बन जाते हैं—गुरुदेव, शीघ्र बर्हिद्वार पर आएँ। देखें, वैराग्य, भक्ति और कर्म तीनों एक साथ पधारे हैं।

अगस्त्य पूर्ण संयत रहने का प्रयास कर रहे हैं—

आइए, रघुकुल गौरव श्रीराम! यज्ञशाला में प्रवेश कीजिए।

लोपे, जनकनंदिनी को अपने साथ अंतर्कक्ष में लिवा ले जाएँ। विशाला माँ भी वहीं प्रतीक्षारत हैं।

आर्य लक्ष्मण, आप हमारे साथ इस यज्ञ वेदिका के पास विराजें।

लक्ष्मण अग्रज की ओर देखते हैं—

मैं कुटीर के बाहर सुरक्षा कार्य में सन्नद्ध रहना चाहता हूँ।

यहाँ इसकी कोई आवश्यकता नहीं···। दंडकारण्य पूरी तरह सुरक्षित है वत्स···। आप निर्भय विराजें!

श्रीराम अगस्त्य का पदवंदन करते हैं—दंडकारण्य के समस्त ऋषिगण अगस्त्य के आश्रम में, उनकी विशाल यज्ञशाला में बैठे राम को निष्पलक देख रहे हैं—

जितना सुना था, उससे शतगुना अधिक तेजोमयता, उदीयमान सूर्य के समान महनीयता और दूर्वादल सी कोमलता! सबकी दृष्टि में सहज आत्मीयता है। राम सबके अंतरंग हैं।

अगस्त्य का आश्रम अवधपुरी से अधिक मनभावन हो गया है।

वैराग्य से बड़ा कोई आभूषण नहीं, वल्कल की गैरिक आभा से भरे राष्ट्रहित का चिंतन करनेवाले मनस्वियों से बड़ा कोई तीर्थ नहीं!

राम सबको अपना प्रणाम निवेदित करते हैं और ऋषि अगस्त्य के समक्ष अपना निवेदन प्रस्तुत करते हैं—

ऋषि श्रेष्ठ,

आप ज्ञान-विज्ञान के अक्षय वट हैं। गुरु वसिष्ठ से जो कुछ सुना, बालकपन से आपकी उस दिव्यता को मन में धारण किए प्रतीक्षारत रहा मैं! आज वह स्वर्णिम मुहूर्त मेरे समक्ष है।

☐

मेरी विगत कथा आपको विदित है। वनवास मेरे लिए वरदान सदृश फलित हुआ है। तामसिक वृत्तिवाले असुरों का अत्याचार बढ़ता जा रहा है। आपके प्रभाव से दंडकारण्य पूर्ण सुरक्षित है, असुर आपसे भय कंपित रहते हैं। किंतु आर्य, इस विराट् गुरुकुल की सीमा के पार दनुजों का साम्राज्य है और सुदूर दक्षिणी तट तक इनकी संख्या बढ़ती जा रही है। मुझे आपका कृपापूर्ण सहयोग चाहिए। आपके मार्गदर्शन के बिना…

अगस्त्य गंभीर भाव से उत्तर देते हैं—राम अशुभता के तमस से फूटने वाले भविष्य का मंगलगान हो तुम…! आर्यावर्त की संस्कृति मानवधर्म की विजय का आख्यान रचनेवाली है और तुम उसी सनातन विजय के उन्नायक हो। मनुष्यता को कलंकित करनेवाले दुर्दांत असुरों का विनाश आवश्यक हो गया है। कैकेयी ने नहीं, नियति ने तुम्हें इस दंडकारण्य में भेजा है। इस विशाल ऋषिकुल को देख रहे हो न! ये मंत्रपूत योग साधक शांतिकामी हैं और इनके लिए भयमुक्त परिवेश रचने का दायित्व तुम पर है।

☐

पुत्र, यह वन प्रदेश तुम्हारी प्रतीक्षा में था। वनदेवी का आशीर्वाद तुम्हारे साथ हैं। मानव कल्याण का पथ प्रशस्त करो! आगे बढ़ो राम!

हर्षिणी माता और पितामही के साथ सीता के निकट विराजमान है।

आर्ये, आपके आगमन की प्रतीक्षा कब से थी? सुना है, अयोध्या नगरी

यहाँ से दूर है। आपको मार्ग में कष्ट तो नहीं हुआ न! आपको देखकर अपनत्व का सुख प्राप्त हो रहा है।

सीता ने विशाला माँ और लोपा का चरणवंदन करते हुए हर्षिणी को गले से लगा लिया है—

आपके हृदय में मेरे लिए इतना स्नेह है, यही तो मेरा धन है।

हर्षिणी और निकट चली आई है—

आपको भ्रातजाया कह सकती हूँ?

अवश्य···!

विशाला माँ अपनी आशीष भरी हथेली सीता के माथे पर रखती हैं—

पुत्री, तुम्हारे पति से कहूँगी, हमारे आश्रम में ही रहें। देखते-देखते वनवास की अवधि व्यतीत हो जाएगी।

सीता सुख विभोर हैं—

माता, इससे बड़ा आनंद मेरे लिए दूसरा नहीं होगा, किंतु आर्य श्रीराम के वचन पालन में व्यवधान होगा। माता कैकेयी ने कहा था—

वन में एंकातवास···! इस ऋषि कुल में रहने का, आपकी सेवा का, आर्ये लोपामुद्रा से कुछ भी सीख पाने का सौभाग्य मेरा नहीं···लोपा ने आश्वस्त किया था—

सीते, आपका महान् पतिव्रत धर्म आपके साथ है। यह वनवास भी मंगल उत्सव की तरह पूरा होगा। आपके पास धरित्री सा अद्‌भुत धैर्य है और आपके प्राणों में अदम्य शक्ति भी है। अमंगल आपका स्पर्श नहीं कर सकेगा।

उद्‌दालक, गोपालक, सुकेश सूचना देते हैं—भोजन प्रस्तुत है।

मूँज के बने आसन, कदली पत्र, मिट्टी के बने सकोरे! ऋषिकुल पंक्तिबद्ध आसन ग्रहण करता अन्नब्रह्म का आह्वान कर रहा है।

अन्न को ब्रह्म मानो, उसकी अवहेलना न करो···ऋषियों के बीच

अगस्त्य और उनके पार्श्व में विराजमान राम-लक्ष्मण!

लोपा की पाकशाला विलक्षण है। उनकी देखरेख में बने भोजन का आस्वाद अनुपम है। हर्षिणी सीता के समीप बैठी है—

यवचूर्ण को गोरस में मिलाकर निर्मित यह पकवान अवश्य लें…!

किशोरवय दृढ़ पीछे नहीं है—

और यह पायस भी! माता ने दोनों ही व्यंजन स्वयं तैयार किए हैं।

सुतीक्ष्ण राम के सम्मुख बैठे उनका मुख निहार रहे हैं। अगस्त्य कौतुकपूर्ण शास्ति देते हैं—प्रियवर, तुम्हारा ध्यान किधर है? अन्नदेव तुम्हारी प्रतीक्षा में हैं।

राम अल्पाहारी हैं। भोजन का तनिक उच्छिष्ट नहीं, वे लक्ष्मण को इंगित से कहते हैं—खीर पूरी समाप्त करनी है!

आचमन के पश्चात् ब्रह्मविद्या कक्ष में सबको एकत्र होना है। वहाँ से गोशाला, आयुधशाला और औषधि निर्माणशाला।

अगस्त्य ऋषि का आश्रम योग महिमा की सुंदर सृष्टि है।

राम लोपामुद्रा को साधुवाद देते हुए आगे बढ़ते हैं—

कल्याणी, आप साक्षात् अन्नपूर्णा हैं। प्रीति रस मे पगा यह आस्वाद मेरे लिए अविस्मरणीय है।

आप पुनः आएँ तात, लोपा की रसोई उसके हृदय द्वार की तरह आपके लिए सदैव खुली रहेगी।

वहाँ एकत्र सभी ऋषियों को ससम्मान प्रणिपात करते हुए राम ने विदा ली है—

अगस्त्य का आदेश—

गोदावरी नदी के निकट पंचवटी में तुम अपना निवास सुनिश्चित करो। राम, यह स्थान सब प्रकार से तुम्हारे लिए सुरम्य है। देवी सीता और पुत्र

लक्ष्मण को भी यह स्थान देखकर सुख मिलेगा।

अगस्त्य राम को गले लगाते हैं।

आर्य, मेरे शिष्य तुम तीनों को गोदावरी तट तक ले जाएँगे। वहाँ पर्णशाला बनाने में इनका सहयोग तुम्हें मिलेगा।

ऋषि की गहन भावानुभूति उनके नेत्रों को सजल कर गई है। हृदय स्थितप्रज्ञता की दुहाई दे रहा है—

नेत्रों से उमड़ते इस समुद्र को सुखा डालो। जिस स्वजन के लौटने का विश्वास मन में हो, उसे दूर तक विदा करने नहीं जाते।

पुरुषार्थ की वल्गा थामे विजयकामी राम दृढ़ता के साथ वनपथ पर अग्रगामी हैं। उनके लिए स्वस्ति-वाचन करो।

अगस्त्य जानते थे—

राम का पथ दुस्तर है। आसुरी शक्तियों का उद्वेलन, उनकी हिंस्र वृत्ति और उनका तामसिक क्रोध!

उन्होंने राम को सचेष्ट किया था—

मेरी आयुधशाला के सभी अस्त्र-शस्त्र तुम दोनों भ्राताओं के लिए। तुम्हारी पर्णशाला में एक आयुधकक्ष भी होगा। ऋषि अत्रि द्वारा प्रदत्त और मेरे सब आयुध मंत्रों से अभिषिक्त हैं। राम, तुम्हें इनकी आवश्यकता पड़ेगी। तात, तुम्हारा अभीष्ट सिद्ध हो, इसके लिए मुझे विशेष अनुष्ठान करना होगा। मैं एक सुनिश्चित अवधि के लिए एकांत साधना करूँगा। तुम्हारा पथ शुभ हो…।

लोपा समक्ष थीं—

आर्य, आपसे मेरा अनुरोध है, एकांत तप के लिए कहीं दूर न जाएँ। आश्रम की संपूर्ण व्यवस्था मैं सँभाल लूँगी। पुष्करिणी के वायव्य कोण वाला कुटीर आपके लिए सब प्रकार से उपयुक्त होगा।

अगस्त्य के मुख पर एक अबूझ स्मित थी—किस विचार में निमग्न हैं

आप ? मेरा प्रस्ताव आपको उचित नहीं प्रतीत हुआ ?

आपका प्रस्ताव उचित है। लेकिन एक दूसरी बात की ओर मेरा ध्यान लगा हुआ है।

ऋषि जाबालि का नाम सुना है न… !

वे हिमनग की उपत्यकाओं में एकांत सेवन की अभिलाषा से निवास करनेवाले हैं। उन्हें दंडकारण्य आना है। मेरा विचार यह है कि उनके आगमन के पश्चात् ही…

लोपा को ज्ञात है, वेद विरोधी मानसिकता रखनेवाले इस महात्मा के निकट वेद विद्या का अध्ययन करने के इच्छुक कतिपय वटुक प्रार्थी बनकर गए थे। उन्होंने स्पष्ट अस्वीकार किया था। अंततः वे किशोर ज्ञानार्थी अगस्त्य ऋषि के आश्रम में आए थे और उन्हें सुतीक्ष्ण ऋषि के पास भेजते हुए अगस्त्य ऋषि ने उनसे क्षमा-याचना की थी—वटुकगण, मेरे गुरुकुल में स्थानाभाव है। सुतीक्ष्ण ऋषि आपको निराश नहीं करेंगे।

लोपा ने विशाला माँ को यह संवाद दिया था—माते, ऋषि जाबालि हमारे आश्रम में पधारने वाले हैं। आपके पुत्र ने अपने दीर्घ तप की अवधि बढ़ा दी है। माता की मुसकान में छिपे गूढ़ार्थ को समझती लोपा भी मुसकराती हुई अन्य कार्य में जुट गई थीं।

जाबालि ऋषि…

विशाला माँ अगस्त्य की ही नहीं, संपूर्ण गुरुकुल की धर्मपरायणा अभिभाविका हैं। नास्तिक भाव से आकंठ भरे रुक्षमान जाबालि से पूर्व में भी उनकी भेंट हो चुकी है। तर्कपटु जाबालि जागतिक सत्य को ही सर्वस्व मानते हैं। प्रथमदृष्टया उनके द्वारा प्रकट किए जाने वाले विचार किसी भी सामान्य मनुष्य को उद्भ्रांत करनेवाले होते हैं।

उन्होंने अगस्त्य को पास बुलवाया था—

पुत्र, इस गुरुकुल का कोई भी वटुक जाबालि के सान्निध्य में अधिक

समय नहीं बिताने पाए। अपरिपक्व घट की सुरक्षा अति आवश्यक होती है।

आश्वस्त रहें माते, आपकी पुत्रवधू ने प्रवेशद्वार पर बने कक्ष में ही उनके निवास का प्रबंध किया है। एक और बात है, जाबालि आत्म-प्रंशसा दोष से युक्त हैं। वे बोलेंगे, मैं मौन सुनता रहूँगा।

रोमहर्षिणी हँस पड़ती है—

पिताश्री, उनकी वाणी सुनने की इच्छा तो मुझे भी हो रही है। श्रीराम को उन्होंने क्या उपदेश दिया होगा? यह मैं भी जानना चाहती हूँ।

और वह उपदेश तुम्हारे मन-मस्तिष्क पर प्रभाव डालने लगा, तुम अपने इस कुटुंब को त्याज्य समझकर अपने सुख-भोग के संसाधन संगृहीत करने लगे, तब¨ ?

रोमहर्षिणी अनायास गंभीर हो उठती है—ऐसा पिताश्री, नहीं, स्वप्न में भी नहीं। मुझे ऐसे निषेधमूलक उपदेश सुनने की कोई भी आकांक्षा नहीं!

जाबालि अगस्त्य मुनि के आश्रम द्वार पर पधारे थे—

उनका उच्च स्वर सुनकर शिष्यों ने त्वरित सूचना दी थी।

आइए आचार्य, आपका अभिनंदन है।

शिष्यगण प्रथम अभ्यर्थना के पश्चात् अतिथि-कक्ष से बाहर निकल गए थे।

अल्पाहार केवल जाबालि ऋषि के लिए ही परोसा गया था—

आचार्य अगस्त्य, आप क्या अनाहार रहेंगे? ऐसा जान पड़ता है, आपने कोई नया अनुष्ठान प्रारंभ किया है!

□

अच्छा, एक बात बताएँ! दशरथ-पुत्र राम आपके यहाँ पधारे थे न! आपने उन्हें अयोध्या लौट जाने की शिक्षा क्यों नही दी? इस दंडकारण्य में आप सर्वसंपूज्य हैं। आपका कथन वे कभी टाल नहीं सकते थे।

महर्षि जाबालि, आप चित्रकूट में श्रीराम के साथ थे न, आपने कुछ कहा नहीं?

कहा आर्य, बहुविध समझाने का प्रयास किया। इस विश्व की क्षणभंगुरता, मानव जीवन की दुर्लभता, अपने अधिकारों के लिए सतर्कता।

और आपने यह भी अवश्य कहा होगा बंधु, कि कौन किसके माता-पिता··· ?

भाई, बंधु? नहीं, कोई नहीं, सब मिथ्या हैं।

हाँ, मैंने उन्हें उपदेश दिया और कहा—जीव अकेला है, किसी के प्रति वृथा मोहासक्ति क्यों? तुम्हारी यह वचनबद्धता अनौचित्यपूर्ण है।

अगस्त्य की मुसकान का निहितार्थ जाबालि समझ नहीं पाए थे—

विप्रवर, आपने यह नहीं कहा—

पितरों को जल क्यों? मृतक का श्राद्ध क्यों?

कहा था बंधुवर, कहा कि अगले जन्म की कथा प्रलाप है। इसी जन्म में प्रत्येक प्राप्य का यथेष्ट उपभोग करो! किंतु, सब व्यर्थ! राम ने मेरे उपदेश को कुपथ्य माना।

फिर?

फिर क्या, मैं मौन रह गया।

सत्य कहें ऋषिवर, आप श्रीराम की परीक्षा लेना चाहते थे न··· ! हुआ क्या, आपके इहवादी दर्शन की निष्फलता और राम की दृढ़ निश्चयात्मकता! ऋषि जाबालि, आप स्वेच्छारिता का पथ दिखाने चले थे, राम ने लोककल्याण का सत्यमार्ग अपनाया। राम विषमता में भी सम देखने के अभ्यासी हैं।

☐

एक बात पूछना चाहता हूँ—राम ने आपका निरादर तो नहीं किया न··· ?

नहीं, मैं उनके शिष्टाचार से अत्यधिक प्रभावित हूँ आचार्य! हमारे बीच

खंडन-मंडन अवश्य हुआ, अंततः मैं विफल रहा।

अच्छा, अब विदा!

जाबालि ने इच्छा व्यक्त की थी, हिमालय जाने से पूर्व एक बार श्रीराम से मिलना चाहता हूँ। कृपया, आप बताएँ, क्या मेरा पंचवटी जाना उचित होगा?

मेरे मत में नहीं! राम, लक्ष्मण जानकी का एकांतवास भंग हो, ऐसा मैं नहीं चाहता।

जाबालि का संशयी मन उद्वेलन से भर उठा था—राम ने मेरे विषय में कुछ कहा क्या ऋषिवर··· ?

अगस्त्य के मुख पर क्रोध की रेखाएँ थीं—राम की अस्मिता को समझने के लिए हिमकंदराओं में बैठकर मौन धारण करें विप्रश्रेष्ठ···

लोपा जाबालि के प्रस्थान की प्रतीक्षा कर रही थीं—

ये प्राणी काष्ठकीट बुद्धि का है आर्य··· !

यह संशयात्मा है लोपे, यज्ञ-याग नहीं, आस्था भाव नहीं, मरण को अंतिम सत्य माननेवाले ऐसे प्राणी अन्नभक्षी होते हैं। सांसारिक उपादानों का सुख भोग ही इनका परम लक्ष्य होता है।

अस्तु, एक गूढ़ कथा सुनें!

मुझे अविलंब अपना अनुष्ठान प्रारंभ करना होगा। तापस राम के पंचवटी वास में त्रासदायी स्थितियाँ उत्पन्न होनेवाली हैं। यद्यपि राम स्वयं पूर्ण सक्षम हैं। उनकी शौर्य शीलता और दिव्यता को जाबालि जैसा प्रज्ञाजीवी नहीं समझ सका, लेकिन भावप्रवण केवट प्रथम दृष्टि में ही पहचान गया। तभी तो उसकी विनयशीलता दृढ़निश्चयी बनकर प्रकट हुई—आपकी चरणधूलि की महिमा मुझे ज्ञात है। प्रस्तर शिला और काष्ठ नौका में अधिक भिन्नता नहीं, शिला को ऋषि पत्नी अहिल्या बनते भी देर नहीं लगे तो आपके स्पर्श से नौका को स्त्री बनते भी नहीं लगेगी!

प्रभु, तब मेरी आजीविका का क्या होगा? अतएव, प्रथम मुझे आपके पाँव पखारने हैं।

लोपे, राम की शक्ति अपरिमित है। तथापि मेरे विचार में बार-बार एक ही निष्कर्ष समाहित हो रहा है, मेरा आध्यात्मिक बल राम के साथ रहे। मेरे अनुष्ठान से राम का कल्याण हो⋯।

□

ऋषि अगस्त्य अविचल ध्यान मुद्रा में हैं।

विपदाओं से निरंतर संघर्ष राम की नियति है। जटायु जैसा विशालकाय पक्षी भी राम के प्रति अत्यंत कोमल भाव रखनेवाला है। आसुरी शक्तियों के विकराल प्रभाव को अच्छी तरह समझता हुआ वह पर्वत कंदरा में छिपकर अपनी आयु के शेष दिन व्यतीत कर रहा है।

गोदावरी के शांत जल में आलोड़न होता है। असुर सम्राट् लंकाधीश रावण की भगिनी शूर्पनखा वन विहार करती राम के कुटीर में पहुँचती है। कृत्रिम शृंगार प्रसाधनों के बावजूद उसका मुख बीभत्स दिखाई पड़ रहा है। हृदय की पापग्रस्तता का प्रतिबिंब मुख पर स्पष्ट है।

राम का दिव्य सौंदर्य उसकी कामांधता का प्रयोजन बनता है—

मैं तुम्हारा वरण करना चाहती हूँ।

□

क्या कहा, तुम विवाहित हो⋯? और यह स्त्री तुम्हारी भार्या है?

कुछ भी हो, तुम दोनों ही भ्राता मेरे आकर्षण का केंद्र हो। मेरा प्रस्ताव स्वीकार करो, अन्यथा⋯

लक्ष्मण समझ गए हैं। आसुरी उपद्रव का सूत्रपात हो चुका है। निर्लज्जता आहूत जो हुई है। आसुरी कपट का अभिनय आगे बढ़ने वाला है।

राम के कुटीर के निकट रहनेवाले मुनिगण सचेष्ट करते हैं। शूर्पनखा

बड़ी मायाविनी है। इसके दल में विकराल राक्षस हैं। ये दु:शक्तियाँ कभी भी आघात पहुँच सकती हैं।

राम के निदेशानुसार लक्ष्मण शस्त्र-कक्ष का निरीक्षण करते हैं—

भ्राता, ऋषि विश्वामित्र का दिया हुआ अमोध तूणीर और सभी अस्त्र-शस्त्र आपके आदेश की प्रतीक्षा में हैं। असुरों को यमलोक तक पहुँचाने में तनिक विलंब नहीं!

राम के बाणों में विलक्षण शक्ति है। असुर द्रुत गति से हत होते जा रहे हैं। भगिनी शूर्पनखा के अपमान से दग्ध खर का क्रोधानल विकराल है। विविध अस्त्र-शस्त्रों से सुसज्जित विशाल रथ पर बैठा हुआ खर मृत्यु को चुनौती दे रहा है। वन में छिपे राक्षसों की विकट सेना ने पंचवटी को सब ओर से घेर लिया है। राम युद्ध वीर की भूमिका में हैं।

ऋषि अगस्त्य के शब्दों की मर्यादा प्रभामंडल बनकर उनके चारों ओर व्याप्त है—

राम, तुम्हारे बाणों में सत्य की शक्ति है। इन अुसरों का वध किसी पुण्य से कम नहीं। धनुर्धर, प्रत्यंचा चढ़ाओ!

समस्त दिशाओं को कंपित करनेवाला युद्ध रव! देखते-ही-देखते असुरों की विशाल सेना धराशायी हो जाती है।

राम को अपने शरीर पर लगे आघात की चिंता नहीं है। जानकी लक्ष्मण के साथ गह्वर में सुरक्षित हैं, उनका शौर्य निश्शंक है। राक्षसी आवेग धर्म की भाषा नहीं जानता। राम के पास सत्य और संकल्प की शक्ति है, वे शत्रुजित हैं। राक्षस समूह विनष्ट हो चुका है। ऋषि कुल हर्षित है। पंचवटी अब पूरी तरह सुरक्षित है।

राम ऐसा नहीं सोचते। उनहें ज्ञात है, शील विहीन स्त्री का पातक विध्वंसकारी परिणाम देनेवाला होता है। नासिका-विहीन शूर्पनखा मौन नहीं बैठ सकती! सीता के प्रति विद्वेष की विष ज्वाला प्रतिशोध का प्रभंजन बनकर

उसे उन्मत्त बनाती रहेगी। वे अनुज को समझाते हैं—

लक्ष्मण, हमें अधिक सचेष्ट रहने की आवश्यकता है।

वे सीता को प्रबोध देना चाहते हैं—नाना विकारों से भरा रावण शूर्पनखा का ज्येष्ठ भ्राता है। वह प्रबल अंहकारी है और छलविद्या में निपुण भी…! उसका प्रतिकार निश्चय ही विकराल होगा। सीते, तुम कोमलांगी हो, मेरे मन में तुम्हारे लिए चिंता है।

सीता का दृढ़ निश्चय राम को आश्वस्ति देनेवाला है। मैं अपने शील की रक्षा करने में समर्थ हूँ। आर्य, बड़े-से-बड़ा आततायी भी प्रबल इच्छा शक्तिवाली स्त्री के समक्ष विनत है। आत्मा सबल हो तो कोई तनिक हानि नहीं पहुँचा सकता।

अगस्त्य ही नहीं, लोपा भी पंचवटी की प्रत्येक घटना को जानने के लिए संवेदनशील हैं—आर्य, मुझे सीता की चिंता हो रही है।

ऋषि गंभीर हैं—

विधि का विधान अटल है लोपे…! राम-सीता दोनों का अवतरण अग्निपरीक्षा के लिए हुआ है। मैं प्रत्येक अशुभता में शुभता देख रहा हूँ। आएँ, हम स्वस्ति वाचन करें, शुभ चिंतन करें!

लोपा अपनी आस्था का दीपक जलाए बैठी हैं—

आर्य, मैंने जनकनंदिनी को 'ललिता सहस्रनाम' के जप की विधि बताई है। कठिन परिस्थितियों में भी विचलित नहीं होने देने वाला मंत्र! यह मंत्र ही उनका रक्षाकवच बनेगा।

आर्य संस्कृति की मर्यादा का रक्षण-भार रघुकुल में अवतरण लेनेवाले श्रीराम पर है। सीता समस्त राक्षसकुल के विनाश का निमित्त बनने वाली हैं। रावण के रंगमहल में कई रानियाँ हैं। भुजबल से विजित स्त्रियाँ!

साधु के कपट वेश में सीता को छलपूर्वक अपहृता बनाने वाला दसग्रीव महापंडित होते हुए भी कापुरुष है। शरीर बल में दुर्द्धर्ष, किंतु चरित्र बल में;

शील संस्कार में मनुष्यत्व को कलंकित करनेवाला नराधम!

राम अकेले नहीं हैं। उन्होंने अपने अजेय आत्मबल से वन में रहनेवाली विविध जातियों को अपनी सेना का अंग बनाया है। यह वानरों, भल्लूकों की सेना है। नगरीय सभ्यता से दूर इनका अपना साम्राज्य है। राम का स्नेह बल इन्हें युद्धवीर घोषित करता है।

श्री हनुमान राम सीता के पुनर्मिलन का प्रयोजन बनते हैं। राम के प्रति गहरी निष्ठा ही उन्हें प्रबल ऊर्जा देनेवाली है।

लंका स्थित अशोकवाटिका सीता के धैर्यपूर्ण आचरण की परीक्षण स्थली है। रावण का दंभ निरंकुशता की सीमा तक पहुँच चुका है। सीता कों बहुविध त्रास दिखानेवाला रावण अपनी मृत्यु को आमंत्रण दे रहा है।

विशाला माँ की कक्षा लगी है। आश्रम कुल की स्त्रियाँ उनके निकट आ बैठी हैं। रोमहर्षिणी की दाहक दुश्चिंताओं को पितामही की ओर से समाधान चाहिए।

पितामही, आर्य राम समुद्र पार कैसे जाएँगे? उनकी वानरी सेना किस प्रकार असुरों को विनष्ट करेगी? आर्या सीता कितनी विवश होंगी न··· !

विशाला माँ की वाणी अकूत आस्था से भरी है।

सीता कोमलांगी है, दुर्बल नहीं। असुरराज रावण उन्हें अपना काल बनाकर ले गया है। पुत्री, राम की सेना किसी राजा की वेतनभोगी सेना नहीं है, अपने राष्ट्र के लिए, अपने नायक के लिए वह सेना, वे समस्त ग्राम जातियाँ निर्णायक युद्ध लड़ने के लिए प्रस्तुत हैं। उनके पास नल-नील जैसे विज्ञान पटु श्रेष्ठ सेनानी हैं। वे समुद्र पर सेतुबंध तैयार करने के लिए प्रतिबद्ध हैं। उनके कारीगर विशाल नौकाओं का निर्माण कर रहे हैं। शिलाखंडों से भरी उन नौकाओं में छिद्र करके वे उन्हें गहराई तक ले जाएँगे। यह ऐसा विलक्षण सेतु होगा, जो शताब्दियों तक अपने अस्तित्व को प्रमाणित करता रहेगा।

पुत्री, प्रत्यक्ष रूप से जो संघर्ष दिखाई दे रहा है, उसमें भीति का कोई

कारण नहीं! अपने पिताश्री की फलश्रुति पर निष्ठा रखनी है। यह मानव-असुर संग्राम है और आसुरी शक्तियों का दर्प-दलन सुनिश्चित है।

अगस्त्य का सद्यः निर्णय लोपा को विस्मित नहीं कर पाता।

लोपे, मुझे इसी क्षण दक्षिण दिशा की ओर प्रस्थान करना होगा। मैं सूर्योपासक हूँ। राम ने युद्ध के पूर्व धार्मिक अनुष्ठान के लिए मेरा सहयोग चाहा है।

आश्रम की सुरक्षा का दायित्व आप पर!

□

राम प्रतीक्षारत हैं।

अगस्त्य राम को समुचित निर्देश देते हैं—राम, आप बहुपठित, सर्वज्ञानी हैं। आपको ध्यान में रखकर ही मैंने 'आदित्य हृदय स्तोत्र' का न्यास किया है। शत्रुविनाशक, आयुवर्द्धक यह सूर्योपासना मंत्र विजयश्री दिलाने में सबसे अधिक लाभप्रद होने वाला है। अपने आराध्य शिव के निर्देश को शिरोधार्य करता हुआ मैं आपकी सुरक्षा के लिए सन्नद्ध हूँ।

योद्धा वेश में राम महर्षि अगस्त्य को प्रणिपात करते हैं—

वीरासन पर प्राणायाम साधते श्रीराम और पौरोहित्य का पद धारण करते अगस्त्य ऋषि ब्रह्मविद्या में निष्णात दो प्रबल तेजस्वी मनुष्य सूर्य की प्रथम रश्मियों को साक्षी मानकर कठोर व्रत साधने चले हैं।

राम! वत्स, युद्ध के शैथिल्य को विस्मृत करो…! शत्रु के विकराल मुख से ध्यान हटाओ, सूर्य की प्रचंड शक्ति का स्मरण करो। ये जाग्रत देव सकल सृष्टि को स्फूर्ति और तेजोमयता देनेवाले हैं। अग्नि जिनके वक्ष में आश्रय पाती है, वैसे प्रकाशमान, पूरे ब्रह्मांड की उत्पत्ति करनेवाले कल्याणकारी भास्कर की संपूर्ण रश्मियों का ताप अपने भीतर धारण करो। तुम्हारे शत्रु के संहार का कारक यही महातेजस्वी स्वरूप होगा। समस्त ग्रह-नक्षत्रों के अधिपति यही सूर्यदेव हैं।

ऋषि अगस्त्य के दृप्त स्वर में अपनी प्रार्थना का मेघमंद्र स्वर मिलाते हुए राम अंजलिबद्ध हैं। रक्तंपुष्पं, अक्षत, जल···, पवित्र कुशासन पर पूर्वाभिमुख स्थित राम मन, वचन, चेतना से आदित्य की उपासना में रत हैं।

उनके मन में छाया हुआ शैथिल्य का अंधकार दूर होता है। खोया हुआ शौर्य पुनः जगता है। वे आसुरी शक्तियों से युद्ध के लिए उद्यत होते हैं।

'आदित्य हृदय स्तोत्र' के मंत्र अनुष्टुप की लयबद्धता के साथ राम की चेतना में झंकृत हैं—ॐ रश्मिमते नमः··· राम का अटूट आत्मविश्वास प्रभामंडल बनकर समस्त वानरी सेना के हृदय में व्याप्त हो जाता है। गैरिक पताकाएँ आकाश को छूने की स्पर्धा करने लगती हैं। कोटि-कोटि कंठों का एक ही उद्घोष है—

जय श्री राम···!

त्रैलोक्य द्रष्टा बना हुआ है। अगस्त्य द्रष्टा भी हैं और युद्ध भोक्ता भी।

रावण अपने दर्प में प्रचंड है, राम अपने सत्य बल में। रामप्रिया जानकी मात्र इस महासंग्राम का निमित्त नहीं, साधुता पर अत्याचार करनेवाली समस्त आसुरी शक्तियों को पराभूत करनेवाली लोकमंगल की भावना का एक अतिविशिष्ट प्रयोजन बनी हुई है। मानवीय अस्मिता को दैवबल प्राप्त है और तपोधन ऋषियों का योग बल भी···! आर्यवर्त के मानवेतर प्राणी राम के सहयोगी हैं। जांबवान जैसे विवेक पूर्ण मत सम्मत देनेवाले भल्लूक राज, अग्रज बाली द्वारा प्रताड़ित···, निष्कासित सुग्रीव जैसे वानरराज, सकल विद्याओं के ज्ञाता वीर श्री हनुमान, अंगद और पर्वत प्रदेशों, वन क्षेत्रों में राज करनेवाली कोटि-कोटि वानर सेना! सेतु निर्माण कला में विशेषज्ञता प्राप्त नल नील!

अपनी अजेय बैद्धिक क्षमता का परिचय देते हुए नल ने कहा था—

श्रीराम, गुरु प्रदत्त विद्या पर मुझे आज गर्व हो रहा है। जिन रासायनिक द्रव्यों के, जिन विशिष्ट प्रस्तर शिलाओं के प्रयोग से मैंने इस सेतु का निर्माण

किया है, वे कालजयी हैं। लक्ष, कोटि संवत्सर व्यतीत हो जाएँ, यह सेतु ऐसा ही बना रहेगा।

महर्षि अगस्त्य साक्षी हैं—राम के इच्छा व्यक्त करते ही अयोध्या की विराट् सेना अपने संपूर्ण संसाधनों के साथ उन्हें प्राप्त हो सकती थी। भरत, शत्रुघ्न के सहयोग से उनकी शक्ति द्विगुणित हो जाती। किंतु राम विरागी हैं। नगर की सुख-सुविधा तो दूर की बात, वे नगर में प्रवेश से भी अस्वीकार करते हैं। किष्किंधा का, राजद्वार उनके लिए वर्जित है।

□

राम शकुन-अपशकुन के ज्ञाता हैं। वायु उनके अनुकूल है। रावण के स्वर्ण रथ का मणिरवचित ध्वज छिन्न-भिन्न होकर धरती पर गिर पड़ा है। सत-असत के मध्य प्रारंभ हुआ यह युद्ध अत्यंत रोमहर्षक है। प्रथम दृष्ट्या रावण अपराजेय प्रतीत हो रहा है। मातलि अगस्त्य द्वारा प्रदत्त ब्रह्मास्त्र का स्मरण दिलाते हैं। राम को अतुलनीय तेज वाले महर्षि अगस्त्य के शब्द स्मरण आ रहे हैं—

वत्स, यह अस्त्र अमोध है और विश्ववैरी रावण के निर्वाण की अवधि भी सन्निकट है।

राम एकाग्रचित्त ब्रह्मास्त्र का संधान करते हैं। महाबली रावण हत है। सुवर्णमंडित लंका नगरी का अधिपति दशग्रीव स्पंदन शेष धरती पर पड़ा हुआ है। समस्त पाशविक शक्तियाँ पराभूत हैं। राम की विजय के लिए महर्षि अगस्त्य का संकल्प पूर्ण होता है। यह विजयश्री केवल राम की नहीं, संपूर्ण आर्यावर्त की आर्ष संस्कृति की है।

सकल वनवासी मोदमग्न हैं। श्री हनुमान सदैव राम की सेवा के अभिलाषी हैं। अगस्त्य दंडकारण्य की ओर प्रस्थान करते हैं।

□

संपूर्ण अरण्यवासी ऋषि अगस्त्य के आश्रम परिसर में उमड़ आते हैं—वे ऋषि के मुख से राम का विजयोपाख्यान सुनने के अभिलाषी हैं।

लोपा का चित्त अस्थिर है—

आर्य, मेरे मन में एक प्रश्न है—सीता की अग्निपरीक्षा क्यों? क्या इसलिए कि परपुरुष रावण ने बलात् उनका स्पर्श किया था—क्या इसलिए कि वे एक स्त्री हैं, अतएव, अपने जन्ममात्र से वे दोषयुक्त हैं?

अगस्त्य मौन थे, किंतु निर्विकार नहीं। उन्होंने हस्तक्षेप किया था—

जानकी अनलशिखा की तरह पावन हैं। आर्य राम, मैं इनके जीवित अग्निदाह के पक्ष में नहीं!

राम की अपनी उपपत्तियाँ थीं—

महर्षि, क्षमा करेंगे, मेरी परिस्थिति सर्वथा भिन्न है। मेरे साथ मेरे कुटुंब की, अयोध्या और समस्त लोकचेतना की मर्यादाएँ जुड़ी हैं। सीता दुष्ट रावण की अपहृता हैं। यद्यपि उनकी शुचिता में मुझे रंचमात्र भी संदेह नहीं, तदापि लोकधर्म मेरे साथ है। अंगारों पर चलना सीता की नियति है और उस ज्वाला से आजीवन स्वयं को दग्ध करते रहना मेरा प्रारब्ध···।

□

मैं जानता हूँ मुनिवर, सीता के इस शील परीक्षण से समस्त जनमानस का परितोष होगा। मैं लोकसेवक हूँ और जनकनंदिनी को ऐसा कठोर आदेश देकर मैंने आपकी दृष्टि में अनुचित कार्य किया है किंतु मेरा संपूर्ण जीवन प्रजा के हित के लिए समर्पित है। मेरी पीड़ा का तदनुरूप अनुभव आप कर सकते हैं आर्य···!

लोपामुद्रा के नेत्र सजल हैं—

लोकमर्यादा के रक्षण के लिए सीता जैसी निष्पाप स्त्री को अग्निस्नान का कठोर दंड देना कदापि उचित नहीं। राम ने राजधर्म निभाया, लोकधर्म का पालन किया लेकिन पति धर्म···? सत्यप्रतिज्ञ राम ने अपने अंतर्मन से कढ़ते हुए सत्य को अनसुना किया। उनके एक इंगित को पाते ही जानकी ने अनल में प्रवेश किया और वे अग्निवर्णा होकर निकलीं। राम आश्वस्त हुए लेकिन जानकी?

अगस्त्य जानते थे—

प्रगाढ़ प्रेम से, अनन्य आस्था से भरी जनकदुहिता की दृष्टि एक बार राम की ओर उठी थी—

आर्य राम, संपूर्ण जगती को मेरे स्त्रीधर्म का प्रमाण देना चाहते हैं। ऐसी निष्ठुरता क्यों? आप चाहते तो आपका वचन मात्र ही प्रमाण बन सकता था। स्मरण रहे, इस धरती पर जब तक आर्य संस्कृति रहेगी, सीता का अग्निदाह प्रत्येक स्त्री की आत्मा का उत्ताप बना रहेगा···। प्रत्येक जननी अपनी कन्या का मुख निहारती यही कहेगी—

सीता सा भाग्य किसी का नहीं हो···!

□

पूरा प्रसंग सुनकर लोपा और अधिक अन्यमनस्क हो उठती हैं—

यदि सीता उनकी पुत्री होतीं तो···? वे देख रही हैं—अग्नि की विकराल ज्वाला। स्वर्ण प्रतिमा सी जड़वत् सीता का अनल दाह···!

नहीं, यह सीता नहीं, यह तो रोमहर्षिणी है, उनकी प्राणप्रिया पुत्री···! वे उसे असहायावस्था में दग्ध होते नहीं देख सकतीं। उनके हृदय से विकल चीत्कार फूटे, इसके पहले वे रोमहर्षिणी को अपने भुजपाश में बाँध लेती हैं। माता और पुत्री के अश्रु एकाकार होकर स्त्री तीर्थ बन जाते हैं।

गहन वेदना से मथित अगस्त्य का मनःस्ताप प्रचंड दावानल बनकर उनके सर्वांग का तप्त कर रहा है—

एक नई संहिता रचनी होगी—

स्त्री संहिता! जिसमें स्त्री की सबलता का प्रमाण वह स्वयं देगी। अपनी शुचिता को प्रमाणित करने के लिए उसे किसी राम की आवश्यकता नहीं होगी, वह अपना प्रमाणक स्वयं होगी।

□

राम अयोध्या पधार चुके हैं। चौदह वर्षों का कठोर परीक्षण काल अतिवाहित हो चुका है। राज्याभिषेक के साथ-साथ राम के विशेष प्रस्ताव के अनुरूप समस्त आर्यावर्त का महर्षिकुल अयोध्या नगरी में आमंत्रित है।

नंदी ग्राम में निवास करते समय भरत ने राज-काज के लिए, प्रजा के कल्याण के लिए जो नीतियाँ निर्धारित की हैं, वे राम को परितोष देने वाली हैं।

फिर भी राम महर्षिगण के दर्शन चाहते हैं। उनके दीर्घतपा अनुभवों, उनके ब्रह्मज्ञान को अपने भीतर उतारना चाहते हैं। विश्व के मोहसागर के मध्य अनासक्ति का शाद्वल हैं राम!

महामुनियों की धर्मसभा आहूत है। प्रत्येक ऋषि ब्रह्मज्ञान की तेजस्विता, तप की पावनता से दीप्त व्यक्तित्व संपन्न! आर्यावर्त के ऋषियों की उपस्थिति से सभा भवन शोभायमान है।

कुश आसन पर विराजमान अगस्त्य समस्त ऋषिकुल की ओर से राम का अभिनंदन, स्वस्ति वाचन करते हैं। परस्पर अभिवादन के पश्चात् राम विनम्र भाव से सभा को संबोधित करते हैं—

ज्ञान की अगाधता से परिपूर्ण समस्त मनीषियों का चरण वंदन है। आपके आगमन से अयोध्या पवित्र हुई है। राजसत्ता से महती है—ज्ञान सत्ता! आप सकल संसार का योगक्षेम चाहनेवाले हैं, आपका अतिशय पावन सत्संग मेरी जीवन लय को निष्काम कर्म की दिव्यता प्रदान करेगा। मैं आपसे समुचित मार्गदर्शन हेतु निवेदन करता हूँ।

अगस्त्य का गुरुगंभीर स्वर सभाभवन में गुंजायमान है—

राम, तुम दीर्घतपा हो···। तुम्हारी सत्त्वशीलता, मर्यादा के रक्षण की तुम्हारी संकल्पबद्धता और तुम्हारा ऋषित्व भाव पूरी जगती में प्रमाणित है। भरत ने नंदीग्राम में रहते हुए जिस कर्तव्यनिष्ठा के साथ अयोध्या का शासन दाय निभाया, वह उनके भ्रातृप्रेम का सुंदर निदर्शन है। शत्रुघ्न ने उनका अनुसरण किया और लक्ष्मण ने तुम्हारे साथ रहकर कठोर व्रत का पालन

किया। तुम चारों भ्राताओं का कर्मयोग, ज्ञान, भक्ति और वैराग्य का ही प्रतिफलन है। मेरा विश्वास है कि तुम अपने सत्यधर्म का पालन करते हुए प्रजा के प्रति सदैव औदार्य का परिचय दोगे और संतानवत् सबको संरक्षण दोगे।

अगस्त्य की दृष्टि शील, सौंदर्य से पूरित जानकी की ओर है—

पुत्री सीता ने सदैव तुम्हारा साथ दिया है। राम, राजर्षि जनक और महारानी सुनयना की प्राण पुत्तलिका सीता मेरे लिए भी तनया की तरह ही प्रिय है। एक गूढ़ कथा आप महर्षिगण के समक्ष कहने की अभिलाषा है। असुर राज रावण में इतना साहस नहीं था कि वह जनक तनया का अपहरण कर सके, उसे बंदिनी बना सके¨। उस दुर्द्धर्ष पातकी के वध का निमित्त सीता को बनना था, पूर्ण धरित्री को भयमुक्त करने के लिए! राम का महासंग्राम, सीता के सतीत्व का अनल परीक्षण और स्वंयसिद्धा जानकी की पलाशवर्ण काया, मानो साक्षात् अग्निदेव कह रहे हों—रघुनंदन, जानकी अनल शिखा सी पावन है, संशय रहित होकर इसे स्वीकार करो! सीता तुम्हारी निष्ठा के अनरूप है। कुटील रावण का पामर भाव उसका स्पर्श तक नहीं कर पाया। उसकी प्राण शिराओं में राम की सनातन व्याप्ति है। अतएव, लोकधर्म के साथ-साथ भार्या के प्रति अपने धर्म का निर्वहन तुम्हारे लिए न्याय संगत होगा। सीता का वरण अर्थात् इस लोक में अलौकिकता का वरण¨।

मैं ऋषि समाज से एक परितोष प्राप्त करना चाहता हूँ—हमारी आर्य संस्कृति में स्त्री को पुरुष से अधिक विशिष्ट माना गया है। आर्या अनुसूया हों अथवा इस जगती में जीवन धारण करनेवाली कोई भी स्त्री जननी, भार्या, तनया, इन सभी रूपों में उसकी अस्मिता चिर प्रोज्जवल है। उसकी निष्कलुषता स्वत: सिद्ध है। संपूर्ण आर्यावर्त को जीवन दिशा निर्दिष्ट करनेवाले ऋषिकुल से मेरा निवेदन है, सीता को राम से पहले सम्मान दिया जाए¨। इतना ही नहीं, हमारे तपोवन का स्त्री समाज भी संपूर्ण समादर का अधिकारी बने, हम अपने ऋषिकाओं के आध्यात्मिक उत्कर्ष में सहयोगी बने¨!

साधु, साधु··· !

अगस्त्य के मनोभावों का सहर्ष अनुमोदन करता ऋषिकुल राम से विदा लेता है।

अगस्त्य की स्नेहासिक्त शास्ति राम के लिए है—पुत्र राम, यद्यपि तुम पूर्ण सक्षम हो और जन सामान्य के मध्य एक सुदीर्घ अवधि व्यतीत करने के क्रम में तुम्हारे अनुभवों की परिपक्वता भी स्वतः सिद्ध है, तथापि अपनी राज्य व्यवस्था में कतिपय महत्त्वपूर्ण तथ्यों को ध्यान में रखना आवश्यक होना चाहिए—आंतरिक निर्णयों की गोपनीयता, प्रजा के कल्याण के लिए राजकोष के अधिकतम अंश का प्रावधान, न्यूनतम निजी व्यय, सत्यवादी सभासदों, अमात्यों, अंगरक्षकों की पहचान, प्रजा पर कोई भी कर नहीं, कृषि व्यवसाय के दैनंदिन उत्कर्ष का संकल्प, भौतिक संपदा के स्थान पर दैवी संपदा को उससे अधिक मूल्यवान् समझना। भ्राता वसिष्ठ तुम्हें सनातन परमात्मा मानते हैं। मेरी अवधारणा है कि लोकमंगल विधान के लिए नर रूप में ही तुम्हें अपना श्रेष्ठत्व प्रमाणित करना है।

राम, शताब्दियाँ व्यतीत हो जाएँगी, लोकधर्म का मूल सत्य अपरिवर्तित ही बना रहेगा। पुत्र, जब भी हृदय में कोई शंका जगे, दंडकारण्य का कुटीर द्वार तुम्हारे लिए सदैव उन्मुक्त है।

□

दंडकारण्य सुख से उल्लसित हो उठा है। महर्षि अगस्त्य का अभिवंदन करने के लिए ऋषिकुल उमड़ आया है। विशाला माँ का वात्सल्य पुलकित मुख—लोपे, आरती की थाल प्रस्तुत करो, अर्ध्य, धूप, दीप, जल, अच्छत, कुश सबकुछ ले आओ!

रोमहर्षिणी प्रसन्न थी—पितामही, कुश, जल इत्यादि किसलिए··· ?

मेरा पुत्र श्रीराम के विजय पर्व का साक्षी बनकर लौटा है। मैं उसकी आरती उतारूँगी। महाअसुरों के साथ संघर्ष में मेरे अग की प्रतिरक्षण मनोसंलग्नता रही है, मुझे उसका मार्जन करना है, उसकी कुदृष्टि उतारनी है।

□

दीर्घतपी अगस्त्य विशाला माँ के समक्ष बालक बन गए थे—

माते, मेरे जटाजूट किस प्रकार उलझ गए हैं और मुझे थोड़ी शिरोवेदना भी हो रही है।

लोपे, एक कसोरे में सर्षप तेल लाना पुत्री···!

आ तो अग, मेरी गोद में सिर रखकर नेत्र मूँद ले···।

पितामही की देखा-देखी रोमहर्षिणी और दृढ़ ने उनके दोनों पाँवों को दबाना प्रारंभ किया था—

अगस्त्य की जटाओं को सँवारती, विशाला माँ पूर्ण चैतन्य थीं—

अधिक पीड़ा तो नहीं हो रही है न पुत्र···? केश कितने रुक्ष हो गए हैं, हर्षिणी, थोड़ा तेल और देना पुत्री···!

दंडकारण्य लोपा की कर्तव्यनिष्ठा से सुवासित है। संपूर्ण आश्रम की व्यवस्था अत्यंत सुचारुपूर्ण, शिष्यगण पूर्ववत् पठन, पाठन, अनुशासन में रत, कहीं रंचमात्र भी त्रुटि नहीं!

लोपे, आपने कितनी उत्कृष्टता के साथ संपूर्ण गुरुकुल को सँभाल रखा है! मुझे परितोष है।

यह सब आपके शिक्षण का फल है आर्य, अगस्त्य के बिना लोपा का कोई अस्तित्व नहीं।

इस वाक्य को यदि मैं प्रताप भाव से कहूँ तो··· लोपा के बिना अगस्त्य कुछ भी नहीं! प्रिये, पाकशाला से मेरे प्रिय व्यंजन की सुगंधि आ रही है। मैं त्वरित स्नान, ध्यान करके आया।

अगस्त्य अपने अध्ययन-कक्ष में विराजमान थे। उद्दालक ने विनम्रतापूर्वक संवाद दिया था—गुरुवर, गुर्जर क्षेत्र से कतिपय व्यवसायी आश्रम के मुख्य द्वार पर स्थित हैं, आपके दर्शनाभिलाषी हैं।

उन्हें इसी कक्ष में ले आओ पुत्र···। चंदन, सुरम्य, सौम्य और नंदन अगस्त्य के समक्ष थे—मुनिवर हम आपके समक्ष एक बड़ी समस्या लेकर उपस्थित हैं।

□

हमारे जलपोत जावा, सुमात्रा और कई अन्य स्थानों पर व्यवसाय के लिए विविध सामग्रियाँ लेकर जाते हैं। जलदस्युओं के अनेक दल है, जिन्होंने हमें आक्रांत कर रखा है। महामुने! आपके सहयोग के बिना हम अपने व्यवसाय में कभी सफल नहीं हो पाएँगे। हमारे कई श्रेष्ठियों का अत्यंत निष्ठुरतापूर्वक वध किया गया। हमारी सामग्री लूट ली गई···!

अगस्त्य ने आश्वस्त किया था—मेरी आर्ष सेना का एक दल आपके जलपोत के साथ जाएगा, आपकी समुद्र यात्रा निरापद होगी।

पद्मनाभ, उद्दालक, भास्कर और श्री हरि समक्ष खड़े थे—अंजलिबद्ध, आज्ञा की प्रतीक्षा में···

प्रिय शिष्यगण,

आर्यावर्त के श्रेष्ठ व्यवसायी हमारे समक्ष हैं। इन्हें आपके सहयोग की अपेक्षा है। हमारे राष्ट्र का पण्य समुद्री दस्युओं के द्वारा लूटा जा रहा है, हमारे नागरिकों का जीवन संकट में है। हमारी अर्थव्यवस्था पर इसका प्रत्यक्ष प्रभाव पड़ रहा है। क्या आप इनकी रक्षा के लिए सन्नद्ध हैं?

हम सहर्ष प्रस्तुत हैं आर्य···! क्या आज ही प्रस्थान करना होगा?

नहीं···, आज नहीं। सर्वप्रथम हमें पूर्ण रूप से प्रस्तुत होना होगा···? पद्मनाभ, इसी समय शस्त्रागार के द्वार खोल दो। असिचालन का प्रशिक्षण प्राप्त कर चुके युद्धवीरों को प्रदर्शन के लिए प्रस्तुत करो, साथ में शताधिक धनुर्धरों का प्रदर्शन भी देखना है मुझे···!

□

उद्दालक, तुम इन श्रेष्ठिजनों को ससम्मान अतिथिगृह में ले जाओ···!

मैं यज्ञ की पूर्णाहुति के पश्चात् आयुधों का निरीक्षण करूँगा।

शताधिक युद्धवीर काषाय वस्त्रधारी युवा संन्यासियों ने गुरुदेव से प्रस्थान की आज्ञा ली थी—

व्यवसायी दल नतमस्तक था—

ऋषिवर, आपकी कृपा से हमें नवजीवन मिला है। एक बड़ा संबल लेकर जा रहे हैं हम लोग।

लोपा ने तिलक चंदन से अपने पुत्रवत् युवा संन्यासियों की विजय कामना की थी—

पुत्रो, आर्यावर्त की सुख-समृद्धि पर सबकी कुदृष्टि लगी है। ये वणिकगण हमारे अर्थधर्म के मूलाधार हैं। इनकी और इनके संग ले जाए जाने वाली विक्रय सामग्रियों की रक्षा आपको करनी है।

विशाला माँ ने अभिमंत्रित जल से अभिषेक किया था—

मेरे लिए तुम सब रोमहर्षिणी और दृढ़ के समतुल्य हो। ध्यान रहे, किसी को हल्का-सा भी आघात नहीं लगे। दस्युदल पर विजय प्राप्त कर शीघ्र मेरे पास लौट आओ।

अग्रिम पंक्ति में युद्ध पोत पर पद्मनाभ, उद्दालक, गोपालक और अन्य युवा संन्यासियों का दल! तत्पश्चात् बहुमूल्य काष्ठ, दुर्लभ औषधियों, रत्नों का भंडार लिये व्यवसायियों के जलयान! ऋषि अगस्त्य की अभय मुद्रा का ध्यान करते पोत पर काषाय ध्वज लहराते हुए सबने प्रस्थान किया था।

लोपा के मन में एक प्रश्न था—

आर्य, संपूर्ण राष्ट्र को एक सूत्र में बाँधने के लिए आप अहर्निश प्रयासरत हैं और ब्रह्मज्ञान को मनुष्य मात्र के हृदय में समाहित करने की दिशा में भी आपने भव्य सफलता पाई है, किंतु मेरी शंका स्त्री समाज को लेकर है।

□

यह सत्य है कि रोमहर्षिणी, कोमला, सुकेशी, नंदिनी सहित हमारे

आश्रम की समस्त बालिकाओं को विधिवत् शस्त्र और शास्त्र की विद्या प्रदान की जा रही है। आयुर्वेद, धनुर्वेद सहित सभी विधाओं में उनकी अभिरुचि के अनुसार उन्हें पारंगत किया जा रहा है। लेकिन संपूर्ण आर्यावर्त के सामान्य नागरिकों की कन्याओं के लिए यह सुविधा नहीं है। इसका निदान किस प्रकार संभव है ?

विषय की गंभीरता को मान देते हुए ऋषिवर ने समुचित समाधान देने के लिए विशाला माँ की ओर दृष्टिपात किया था।

साध्वी विशाला की वेदना उनके नेत्रों की आर्द्रता में झलक उठी थी। उनके पति असुरों के साथ संग्राम में हत हुए थे। वे निस्सहाय थीं। अंततः ऋषि ने उन्हें अपनी दुहिता मानकर गुरुकुल में आश्रय दिया था और अत्यंत धैर्य तथा मनोयोग पूर्वक उन्हें शस्त्र-शास्त्र का विधिवत् ज्ञान प्रदान किया था।

विशाला माँ ने अत्यंत व्यावहारिक परामर्श दिया था—

संपूर्ण आर्यावर्त के नृपों, महाअमात्यों की सहमति लेकर एक राष्ट्रव्यापी नीति निर्धारित कराई जाए। बालिकाओं को समस्त ज्ञान-विज्ञान से परिपूर्ण करने के लिए यथोचित व्यवस्था की जाए। हमारे आश्रमों से उपाध्याय भेजे जाएँ, जो प्रत्येक प्रदेश में शिक्षण का कार्य सँभालें।

अग बेटे, हमारी पुत्रियों को पुत्रों की तरह ही विदुषी होना होगा और वीरांगना भी।

लोपा को निष्कर्ष प्राप्त हुआ था। अगस्त्य प्रेम विनत थे—

माते, कल प्रातः मेरे संवादक सभी दिशाओं में प्रस्थान करेंगे। अब आज्ञा चाहूँगा। औषधिशाला में कुछ नवीन वनौषधियाँ लाई गई हैं। उन्हें लेकर आवश्यक प्रयोग के निर्देश देने हैं···। रोमहर्षिणी और दृढ़ दोनों ही तत्पर थे—

हम दोनों भी संग चलेंगे। पिताश्री, हमें भी वे औषधियाँ देखनी हैं।

पाथेय बनी है। दंडकारण्य की तपोभूमि भविष्य के ऋत्विजों की बाट जोह रही है। अगस्त्य ऋषि की, लोपामुद्रा की यह कथा भागीरथी के अनंत

जल प्रवाह की तरह अक्षुण्ण है।

सहस्र संवत्सरों को पार करती आर्ष विद्या अपनी मुक्ति का संधानक स्वयं बनने वाली है।

लोपामुद्रा की संपूर्ण अस्मिता सचेष्ट है, व्यवधानों का विंध्य पराजित हो, इल्विल, वातापि जैसी आसुरी मंत्रद्रष्टा अगस्त्य का पुनरावतरण होना है।

ऋषिका लोपा और ऋषि अगस्त्य के तप संस्कार ही पुनः जाग्रत् होंगे और राम का रामत्व जानकी की दीप्ति सार्थक होगी! यह कथा कभी शेष नहीं होगी। चरैवति···चरैवति···

□□□